Exotic Words in Shanghai Dialect

上海话外来语二百例

叶世荪　叶佳宁　著

上海大学出版社

图书在版编目（CIP）数据

上海话外来语二百例/叶世荪，叶佳宁著. —上海：上海大学出版社，2015.9
ISBN 978-7-5671-1819-5

Ⅰ.①上… Ⅱ.①叶… ②叶… Ⅲ.①吴语—外来语—上海市 Ⅳ.①H173

中国版本图书馆CIP数据核字（2015）第199057号

责任编辑　柯国富
特约编辑　虞　豪
技术编辑　章　斐　金　鑫
装帧设计　谷　夫
插图绘作　叶世荪

书　　　名	上海话外来语二百例
著　　　者	叶世荪　叶佳宁
出版发行	上海大学出版社
社　　　址	上海市上大路99号
邮政编码	200444
网　　　址	www.press.shu.edu.cn
发行热线	021-66135112
出 版 人	郭纯生
印　　　刷	上海上大印刷有限公司
经　　　销	各地新华书店
开　　　本	890×1240　1/32
印　　　张	6.25
字　　　数	160千
版　　　次	2015年9月第1版
印　　　次	2015年9月第1次
书　　　号	ISBN 978-7-5671-1819-5/H·315
定　　　价	30.00元

序

上海话外来语的鼎盛期或爆发期,也就是1843年到1949年一百多年的时间段里。

上海开埠之前,即便有少量的外国传教士或旅行者来沪,他们的语言很难大范围影响上海的语言环境和语言文化。1949年之后,中国的中央权威在包括语言文字在内的各个领域逐渐加强。尤其是1954年开始推广普通话以来,以一地方言为基础大规模引入外来语,失去了可能性。即便偶有出现,也属少数。例如本书所列的"拷机"、"烂糊面"、"铅皮拉客"、"家里蹲大学"等,它们已经不能走出方言的园囿,更遑论对汉语主体产生重要影响。

1843年底,英国首开外国驻上海领事馆,擅自划地设立洋轮码头,并宣布开埠。之后以英国为主的外国人,带着标志西方近代文明的器物和用具、知识和观念,蜂拥而至。为就近命名,还要让同时使用它们的外国人明白,这就集中出现了大量用上海话标注的外来语。其范围包括机械设备、建筑交通、纺织衣饰、音乐教育、体育娱乐、餐饮食品、医学科研以及生活用语等等。故此，上海话外来语有两个显著特点：一是其来源以英语为最多，也有少数出自日、德、法、俄等其他国家；二是以音译词为主，同时兼有音译加类名、音译加意译等形态，其中，来自日语的外来语，多为直接借用其既有的字形。

由于陆路水运交通便利等因素，在《南京条约》约定首批通商的五个口岸中，上海受到洋人特别青睐，较早形成了外来商务及侨民生活的集聚地。加上上海人海纳百川、随机应变的秉赋，上海话外来语便迅速成为联系中西文化的桥梁。这些外来语有些是通过商品流通，有些是通过上海出版的大量报刊，被传播出去，为更多的人了解和运用，最后有许多都成为汉语标准语的用词。这也是上海话对汉语的一个重要贡献。

本书收录的上海话外来语中，有些是一源多词。即同一词源使用了不同的记录方式。例如：color，被写作"克腊"、"克拉"、"卡拉"、"克勒"；cheese，被写作"起司"、"忌司"、"起士"；last car，被写作"拉司克"、"拉斯卡"、"拉司卡"，等等。这里有方言记录和标注不规则的共性原因；也有上海人为区别同一词语不同用途的有意为之。例如：Paramount在标注娱乐场所时，叫"百乐门"；在翻译为美国电影公司时，就叫做"派拉蒙"。Smart在平常使用时，译作"时髦"；在作为商标时，则写作"司麦脱"。

除了一源多词，也有一词多源的现象。例如上海话中的"卡"：在作"车"讲时，它源自英语car，摩托卡、吉普卡、三轮卡、十轮卡都是由car而来的"卡"；在解释为"卡片"、"卡纸"时，则是译自英语card。还有"飞"：源自英语flywheel时，指自行车飞轮；源自英语fly时，指阿飞或时髦等。

上海话外来语中还有一种"出口转内销"的现象，原本是汉语词汇，国外转了一圈，带着新的内涵，便以外来语身份被重新启用。例如来自日语的"博士"、"漫画"等。或者原本是用上海话记录、本土化了的外来词语，却被再次当作本地话翻译成外语，重新引入。例如：上海人的"洋泾浜英语"，是专为与洋人经商时用的；也就是business用语。结果因为读音的不甚准确，business被读若"别琴"；于是，英语新创一个词汇，叫做pidgin（混合语）。"别琴"或"皮钦"便成了pidgin的音译词。类似的情况还有"康白度"（comprador买办）、"新桑歌"（Sing-song-girl唱歌女）等等。

1949年以后，由于政治或经济的原因，也有过外来语相对较为集中引进和影响汉语的情况。例如20世纪50年代和80年代改革开放之后。但因为普通话的普及和权威，上海话在其中的作用十分有限。此外，原有的上海话外来语也正沿着两条道路分野，或者收编进现代汉语，被逐渐忘却出身；或者在新式上海话中式微，直至消失。从这个意义上说，上海话外来语将只是一个历史概念，也是历史的必然。

和被遗忘更加让人不安的，是近来有人在网络上按葫芦画瓢，用上海话发音去套寻外语出典，以致生造杜撰，鲁鱼帝虎，不免以讹传讹。例如：说"赤佬"源自英语cheat（骗子）。未知该词早见于唐宋年间，上海话里也没有骗子的意味。又如：说"轧闹猛"的"轧"来源于英语get（得到）。其实"轧"在上海话里解释拥挤、交结、核对等，通途广泛。"轧扁头"、"轧朋友"、"轧姘头"、"轧淘"、"轧账"，用的都是这个"轧"。公元543年，由南朝时的苏州人顾野王编撰的《玉篇》，就有记载说：吴人谓人众不得力附之曰轧。再如：说"扎台型"译自英语dashing（打扮漂亮）或dazzling（眼花缭乱）；说"邋遢"译自英语litter（渺小）；说"瘟塞"译自英语worse（更差），等等。也实属勉强。

上海话整体上是汉语地方方言的一支。上海话外来语只在其中占极少的一部分。无论在数量、使用频率、接受和知晓度等方面，远远不如保存在上海话中的古汉语。因此，毫无根据地从洋文中去认祖归宗是不可取的。

　　当然，还有些是将来自普通话和其他汉语方言的外来语词算做"上海话外来词"。这些词虽然比较难以辨别，但仔细考察一下老上海人的用语习惯和该词流行年份，还是可以看出一点端倪来的。所以，这种"掠人之美"的行为也应避免。

　　本书收列的上海话外来语词汇二百余例，除个别外，大部分产于1949年之前，并自绘插图百幅，以辅说明。这既可以看作为将逝之词立传，亦是一点引玉同好者探究的诚意。惟因见识有限，不免谬误，亟盼读者指教。

　　本书的英语部分，多由留学国外的爱女叶佳宁帮助核校。

叶世荪

2015年春

Preface

The burst of foreign imported words in Shanghai dialect took place during the period of 1843 to 1949. Over a hundred years, Shanghai had seen exotic words covering the fields of machinery, medicine, textile, diet, music and amusement, and beyond. Many of those words are preserved and still in use today. A major feature of those exotic words is phonetic, as most words share their English root in common in despite of a few which originated from Russia, Japan, France or Germany.

In 1843, Shanghai was forced to open for trading after the First Opium War between the Qing government and Britain as an indemnity and extraterritoriality along with the other four treaty ports in China. The opening was followed by all kinds of exotic goods and objects as well as new ideas and knowledge from the western world, Britain in particular. Shanghai, as an extra favored port above all, soon became the center of trading and cultural exchange with help of Shanghai dialect playing an important role of bridging between west and east. Foreign imported words were therefore naturally raised and spread to meet new demands of business communication. Those words were so popular that they were not only widely used in Shanghai but also over the whole country. This is one of the biggest contributions Shanghai dialect has made to Chinese language.

There are many interesting phenomenon which relate to exotic words, and which remind us till today of the almost forgotten history. In some cases, several different words were originated from one single source due to the difficulty in pronouncing foreign words for a Chinese. In the other cases, one new word can refer to several different sources and mean different things. In a few special cases, an exotic word traveled back overseas and helped to form a new word that didn't exist before. For example, the English world "pidgin" (meaning impure language) was formed after an old Shanghainese who made a mistake of pronouncing an original English word "business".

Since the establishment of People's Republic of China (PRC) in 1949, governmental influence on Chinese language has been reinforced. In 1954, Mandarin was introduced as an official language across mainland China. This statement gradually lost its possibility and necessity for foreign imported words. History is softly fading and omitting many temporary emerged exotic words along with Shanghai dialect itself.

The loss of Shanghai dialect creates a dilemma: Which are the authentic exotic words? There appears some interpretations and redirections recently in tracing Shanghainese words back to their "origins", which were filled with fetched or even faked explanations. This confusion has been a prominent concern to my father Shisun Ye, and led to the birth of this very book.

My father is a senior researcher specialized in Shanghai dialect. Driven by his enthusiasm, my father published books and articles about Shanghainese language, culture and history in China. This book collects more than 200 most commonly used exotic words in Shanghai dialect and explains specific reason or origin behind them.

The purpose of this book is to remember the historical words back in 19th century, and meanwhile Shanghai dialect itself. Moreover, to provide some guidelines and suggestions over this topic. Please excuse and enlighten us for possible mistakes this book may contain. It would be a great pleasure for both my father and me if this book serves as an invitation of a benign and friendly discussion upon exotic words among those who are truly interested in Shanghai dialect and language studies.

May 2015
Copenhagen

目 录

布丁……1
泵浦……1
冰淇淋……3
百乐门/派拉蒙……3
博士……5
瘪三/瘪的绅士……5
披霞那……6
派对……7
派克大衣……8
派克笔……8
派司……9
派力司……10
攀……11
盘尼西林……12
泡立水……13
拍纸簿……13
扑克辛……14
扑落……15
婆司……16
贝斯……17

拌铃……17
白脱……18
白兰地……19
白洛克鸡……20
仆欧……21
蹩脚……22
别琴……22
嗲……23
德律风……24
吐司……25
拖丝……26
太妃……27
太利门……27
坍白……28
透平……29
听……29
吞头势……30
贴血……31
杜洛克……32
大拉斯……33

抬头………34	拷机………54
道勃儿………34	克付………55
道林纸………35	克罗克………56
邓禄普………36	克罗米/臬格尔………57
达字留西………37	克腊/克拉斯………57
古贝斯克球………37	嘎斯………58
咖喱………38	茄门………59
家里蹲大学………39	加仑/夸脱/盎司/品脱………60
高尔夫………40	茄力克………61
搁落三姆………41	隑他………61
卡普隆………42	隑斯林/凯司令………62
卡通/卡通片………42	掼奶油………63
卡车/卡………43	轧别丁………64
康白度………44	众生………65
康克令/康克令小姐………45	差头………66
康密兴/克姆赏………46	车胎………66
康乐球/克朗棋………47	酒吧/吧密斯/咖吧………67
开普帽………47	警察………68
铅皮拉客………48	吉普卡………69
开发丝………49	杰母………70
K房/K姐………50	起司………70
开司/打开司………51	枪势/混枪势………71
开司米………51	巧克力………72
开麦拉………52	圈的文………73
开伦………53	俱乐部………73
拷贝………53	茄克………74

掮客……75
乔其纱……75
求斯/求斯混……76
爵士乐……77
飞……78
俘房……79
方棚……80
番司……80
法兰/法兰盘……81
法兰西帽/贝雷帽……82
法兰绒……83
维他命……84
味之素……84
凡士林……85
凡立丁……86
凡立水……87
凡尔/凡尔哈夫/凡尔盘……87
梵哑铃……88
司必灵……89
斯达特……90
斯道泊……90
司的克……91
水汀/热水汀……92
水门汀……93
斯诺克……93
司位子……95

苏打……95
三文鱼……96
赛璐珞……97
沙克司坚……98
沙发……98
沙司/配司……99
舍味呢……100
沙蟹……101
生发油买来卖去……102
生司……102
萨克斯风……103
式老夫……104
色拉/色拉油……104
时髦/司麦脱……105
十三点……106
香槟赛/香槟票……107
捎……108
销品茂……109
小开司……110
新桑歌……110
雪茄……111
席梦思……112
哈/哈夫……113
好莱坞……114
黑漆板凳……114
荷兰水……115

咸水妹………116
华夫饼干/华夫饼………117
华司………118
华尔兹………118
红头阿三/开波度………119
米达/米厘………120
米高梅………121
姆姆………122
码………122
猛扣………123
美孚灯………124
漫画………124
摩登………125
马达………127
马口铁………128
模子………128
吗啡………129
马赛克………129
麻林堂………130
蒙太奇………131
麦克风………132
麦克麦克………133
麦淇淋………133
麦丽素………134
麦尔登………135
密司/密司脱………136

奶昔………137
拿摩温………137
霓虹灯………138
牛轧糖………139
柠檬/柠檬辰光………140
罗宋………141
罗宋大餐………141
罗宋汤………142
罗曼蒂克/浪漫史………143
拉司克………144
垃三/搓垃三………144
来脱米西西………145
蕾丝………146
来苏儿………147
来令/来令片………147
烂糊面………148
老克腊………149
老虎天窗………150
腊克………152
一打………152
译意风/译意风小姐………153
肮三/肮三货………154
爱司/老开/皮蛋/茄勾………155
爱美剧………156
回丝………157
奥司开/奥司两开………158

阴丹士林布……158
引擎……159
安垱弟……160
阿飞……161
阿司匹林……162
阿摩尼亚……162

阿木林……163
挖儿丝／摆挖儿丝……164
大柏树……165
洋盘……166
外语索引……167
笔画索引……175

布丁

布丁来源于英语pudding一词的音译,意译则为奶冻或甜点。

广义来说,布丁泛指由浆状的材料凝固成固体状的食品,如圣诞布丁、面包布丁、约克郡布丁等。常见制法包括焗、蒸、烤。狭义来说,布丁是一种半凝固状的冷冻的甜品,主要材料为鸡蛋和卡士达酱(英语:custard),类似果冻。

在英国,布丁一词可以代指任何甜点。在上海,也早已所指广泛。1928年出版的《老上海三十年见闻录》"番菜小志"中,有如下描述:"苹果布丁:一名苹果攀,甘逾崖蜜,入口津津。惜火候较迟,不能咄嗟立办。科果布丁:色暗然而紫,食之暖胃,能御腹内诸寒。功并参苓,不得目之为寻常食物。糯西米布丁:状如吴中之糯米糕,少着糖霜而已。蛋糕布丁:乃调和牛乳而成,其色深黄,颇与鹅脂相类。杏仁布丁:味亦甘腴,惟一品香胜场独擅。枣子布丁:奄有北方风味,似较牛奶、杏仁等所制者为优。浜格布丁:以蛋皮卷玫瑰酱为之,味极甘腴,冠一切布丁而上。"从形状到原料到口味,林林总总,不一而足。

时至今日,布丁已是上海滩老少咸宜的食品,各式新品迭出,已然不胜枚举。

布丁

泵浦

现如今,泵浦这个源自英语pump(抽水泵)的名词,主要出现在激

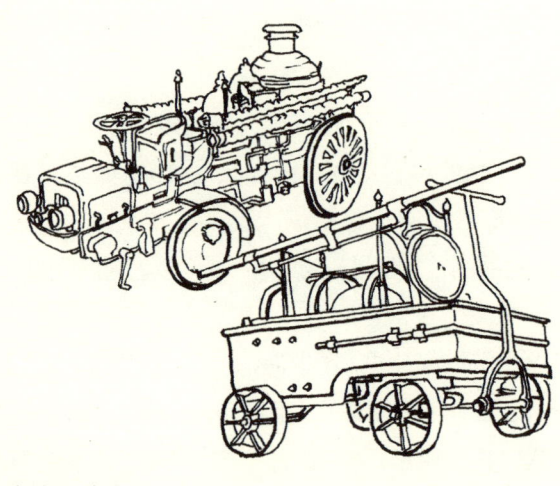

老式泵浦车

光领域，是指给激光工作物质提供能量使其形成粒子数反转的过程。但在上海话中，泵浦原来只是指水泵、抽水机、唧筒。

姚鸿生在《早期消防队》一文中介绍消防设备时，多次提到这个泵浦："消防队设两个分队，每分队有洋龙（手揿泵浦机）一台。1863年，工部局从美国购进一台新式救火车，由蒸汽机作动力，用马车拖载，即蒸汽动力泵浦车。"1932年，上海震旦机器铁工厂，改装成功中国第一辆以内燃机为动力的泵浦消防车。1935年8月19日，上海《大晚报》又报道说："闸北第三消防队添办最新式理仑牌五十五匹马力泵浦车一辆。"

这个在年轻人眼里现在几成古董的名词，在把抽水泵称作"水龙机"、"水袋唧筒"的20世纪30年代，真算得上是个十分时髦的外来词语。

直至现在，依然有许多人把水泵、抽水机叫做"泵浦"，把输送混凝土的设备和自带动力喷射灭火剂的车消防叫做"泵浦车"。2013年11月有条报道上海自贸区举行首次消防综合演练的新闻说："来自自贸区消防部门的15辆消防车、11辆泵浦车、抢险救护车、云梯车等各色专业车辆、160余名消防官兵，公安、安监、供水、供电、医疗等单位的数百名社会力量成员参加演习。"消防泵浦车赫然现身期间。

冰淇淋

英语ice cream（冰冻奶油），属于中西合璧、音译和意译相结合的外来语。其中，"冰"是意译，"淇淋"是音译，也有人写作"冰激凌"。指一种用水、牛奶、奶粉、奶油（或植物油脂）、食糖等为主要原料，加入适量食品添加剂，经混合、灭菌、均质、老化、凝冻、硬化等工艺而制成的体积膨胀的冷冻食品。

观其历史，最早的冰制冷饮起源于中国唐朝末期。13世纪，马可·波罗将中国制造冰饮的方法带到意大利及欧洲；1560年，法国卡特琳皇后的私人厨师在此基础上发明了掺入奶油、牛奶和香料的半固体状冷饮，并在上面刻上花纹，使之更加色泽鲜艳而且美味可口。这就是"冰淇淋"——ice cream。1927年，美商海宁生在上海开设的海宁洋行最早开始用机械方法在中国生产冷饮，又把冰冻饮料以冰淇淋形式带回中国。它的产品包括马口铁听装冰淇淋、三色和香草大冰砖、双色纸杯、紫雪糕及棒冰等。之后还为其产品注册了"美女牌"商标。

《老上海小百姓》一书中，作者沈寂说："我去大光明电影院看电影，想吃美女牌纸杯冰淇淋或紫雪糕，父亲却只肯买一瓶正广和汽水给我。"

冰淇淋一词现在已是汉语通用词，品种也宜加丰富多彩。2014年7月新浪博客有篇文章的题目，就叫《上海小囡记忆中的夏天：血糯米冰淇淋》。

百乐门／派拉蒙

上海静安寺西北角有一个建于1932年的娱乐场所。当年，高高的招牌竖写着"百乐门"三个汉字，大门的上方有横写的英文：Paramount（最重要的）。这个单词在英语里有"至高、最大"的意思；上海话将其音译为

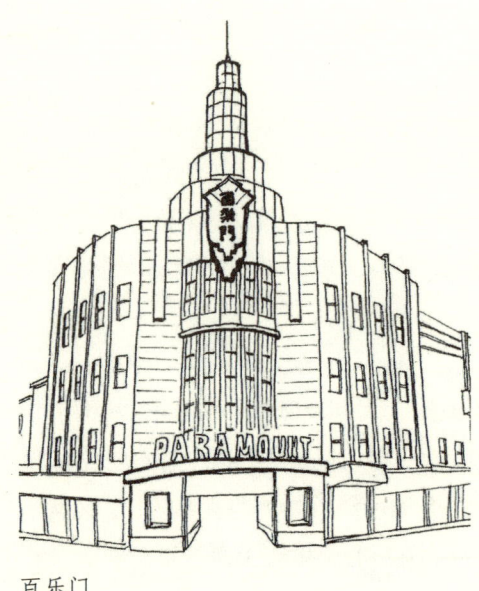

百乐门

"百乐门"。让这个建筑具有第一流及愿诸君百事快乐、称心如意的双重含义,很符合上海人追求吉祥如意、大富大贵的心理,因而颇受欢迎。

那时的百乐门底层为厨房和酒店,二层为舞池和宴会厅,三楼为旅馆。其中最大的舞池有五百多平方米,舞池地板用汽车钢板支托,跳舞时会产生摇晃的感觉。娱乐场号称当时"东方第一乐府",也是上海的著名舞厅。据说张学良、徐志摩都是当时百乐门的常客,陈香梅与陈纳德的订婚仪式也是在此举行,卓别林夫妇访问上海时也曾慕名登临。

1954年,由于百乐门亏空严重,由政府有关部门接管。原舞厅主建筑改为红都戏院,其他附属建筑则改建为商场。后又改为红都电影院。直到2003年7月28日,经内部重新修缮,百乐门大舞厅以崭新的面貌再度迎客,成为上海经典文化传承之地。

同样是这个Paramount,英语中又是美国好莱坞四大电影公司之一的名称。这时,上海人不再翻译为百乐门,而习惯地把它译为"派拉蒙"。"派拉蒙电影公司"、"派拉蒙的片子",说起来让人感到洋气十足。

同一英文单词有两种译名,足见上海人在协调中西文化方面的创造力。上海人的兼收并蓄态度,使包括外来语在内的外来文明很快本土化了。

博士

博士一词，中国自古有之。为什么也会被看作是外来语呢？

博士最早是一种官名，始见于两千多年前的战国时代。秦汉时是掌管书籍文典、通晓史事的官职。到了唐朝，把对某一种职业有专门精通的人称之为博士，如医学博士、算学博士等。而宋朝，则对服务性行业的服务员也称为"博士"。之后，也指专精某种技艺的人。例如：茶博士、酒博士、武博士等。再后，博士被引入蒙古语和满语，叫"巴古什"，随着他们入主中原，北方汉语有多了一个单词"把式"，如车把式。

日本在明治年间，从西方引进了学位制度。他们借用汉语中的博士、硕士、学士这些词汇，来翻译英语中doctor、master、bachelor这些学位称呼。日语外来语常采用这种借形的方式，使用古汉语词汇意译欧美词语，赋予其新的意义。这种创新，客观上丰富了汉字、汉语的内涵。清末民初，中国人又从日本把"博士"的这种译法搬了过来。所以，等"博士"（ドクター）一词再从日本传回中国，已非秦汉晋唐的官衔，而是借"博士"之形，表示现代意义的doctor这一学位了。

博士作为古代官职，当然不能算是上海方言；但作为现代学位名称，博士却是最早出现在上海的报刊上，是从上海走向全国的。1935年，国民政府正式颁布《学位授予法》，博士成为学位中最高的一级。

瘪三／瘪的绅士

瘪三是上海社会最底层一个群体。人说：钱袋一瘪，便成为衣不蔽体、食不果腹、居无定所的人，此乃一瘪三落空之"瘪三"是也。直到现在，它还是上海人发泄愤恨时的骂人话，如"戆瘪三"、"瘪三腔"、"垃圾瘪三"等。有人认为"瘪三"一词在生活中也可当作昵语使用，义与北方方言中的"家伙"、"伙计"，或者英语中guy（家伙）、fellow（老兄）相近。当然这需要有特殊的语境，而且，非熟悉到一定程度不可擅用。

瘪三一词确实是20世纪二三十年代上海开埠后出现的。因此，有人考证说它译自英语begsay（乞求），也有人说原文是partisan（无赖之徒），还有认为是empty cents（一文不名）的简称。Empty cents的音译就是"瘪的绅士"，是穷得身无半分的意思。1935年出版的《上海俗语图说》："empty cents乃洋泾浜之英语也，据露天通事考证之正确洋泾浜音云，宜读作'瘪的生斯'，非此即为讹音。"钱乃荣先生也认为：瘪三就是"瘪的生丝"的简称"瘪生"的讹音。

如果瘪三确是舶来品的话，笔者倾向于近期网络上将其和begsir（乞讨先生）联系起来的说法。2000年，世纪中国网有朱大可的文章《上海语境塑造"鲁迅精神"》说："瘪三是begsir，乞丐先生，用来形容叫化子、难民、逃荒者等，以及作为泛骂用语。"而且这也圆通了"瘪的绅士"音义相间的翻译。

披霞那

鸦片战争后，上海口岸开放，西洋器物涌入；猝不及防的当地语言文字只得匆匆忙忙按照这些物品的原来称呼，暂标其名。"披霞那"就是piano，英语"钢琴"的暂用译名。按其读音，也有人写作"披耶那"、"披耶挪"。

瞿秋白在1920年发表的散文《心的声音》中，就有它的影子："我听见的声音不少了！我听不了许多凤箫细细，吴语呢呢的声音。我听不了许多管、弦、丝、竹、披霞那、繁华令底声音。"徐志摩在翻译波德莱尔的诗《死尸》的序言中也提到："……我虽是乡下人，但我热爱音乐，真的音乐——意思是除救世军的那面怕人的大鼓与你们夫人的'披霞那'外。"徐志摩对钢琴在音乐中的地位究竟怎样评价姑且不论,这类各随各意的暂用名,倒是在不久之后,就让位给更加规范合理的新名词。

然而,和梵哑铃、德律风等词语一样,披霞那经过了这些大家们的手笔,也就成为上海一个时代的文化印记。即便在今天,还是会被人们提及或想起。

披霞那

派对

业已收录进《现代汉语词典》的这个词语,源出英语party。

party原本有许多含义。但从上海话音译过来的"派对",就是单指中小型的社交或娱乐性聚会。旧时还特指社交舞会。《上海旧事》中记载:开埠后,上海洋人交际舞风靡一时,中国人看了回来逢人便说"这叫跳派对"。此后,洋泾浜英语"跳派对"便不胫而走。王安忆在《长恨歌》里这样表述:"上海的夜晚是以晚会为生命的,就是上海人叫做派对的。"2013年3月21日,程乃珊在《解放日报》《朝花》副刊的"什锦糖"专栏,还专门写过一篇《海派派对》。

不过,"社交舞会"这个定义,现在似乎显得越来越过时了。一切为了快乐、寻找快乐的集群活动,都可以毫无顾虑地冠以"派对"之名。例如:商业派对、求婚派对、派对餐厅、派对贴吧、派对演艺节目等。形式和内容都有发生了很大变化。有人认为,"派对"一词是先从广东登陆,粤语翻译过来的。其实,在20世纪二三十年代,上海这样的国际大都市,比广州或香港更加具备集聚、消化、辐射时尚外来文化的能力。

派克大衣

这种源出北极爱斯基摩和西伯利亚、阿拉斯加防寒皮袄的大衣,曾经是沪上显贵标志性扮相之一。

高寒地区的人们,为对抗极端的低温和风雪,发明了这种厚实的服装;它在欧洲和美国被广泛地叫做Parka(大衣)。传入上海,就被叫做"派克大衣",也称作"风雪大衣"。它的特征是连在大衣上、围着一圈皮毛的帽子,可以为头部和脸颊抵御严寒。

在很长一段时间,派克大衣一直为上海人的时尚装束。程乃珊曾这样描述上海老克腊:"他们穿笔挺的西裤,三接头的皮鞋擦得雪亮。冷天围羊毛的格子围巾,出门御寒是大方简洁的派克大衣。"2014年1月12日,《新民晚报》有篇介绍上海人冬季着衣传统的文章,说:"从棉毛衫、衬衫、绒线衫、老棉袄算到派克大衣,老早个上海人要穿五六套衣裳来过冬。"

由于品牌效应,加上贴合实际的新品款式迭出,派克大衣直到现在依然是上海许多服装厂商好用的卖点。

派克笔

美国威斯康星州的乔治·派克(George Parker)在19世纪制造出一种钢笔,其名称就叫Parker;上海话将其译为"派克"或"派克笔"。之后这一品牌逐渐走向了全世界,成为时代名人和各国元首级人物的首选书写工具。

艾森豪威尔签署二战结束盟约、麦克阿瑟接受日本投降签字、尼克松访华给毛泽东带的见面礼，都是派克笔。博古的儿子秦铁在文章《短暂的辉煌——我的父亲博古》中回忆说："父亲牺牲后，他的很多资料由母亲保存着。1947年，中共从延安撤出时，妈妈只带了很少的东西出来，她

派克笔的创始人乔治·派克

后来把父亲的遗物交给了大姐摩亚，包括父亲用过的一支派克笔。"据说，邓小平1949年和陈毅在上海参加一项庆祝活动时，被小偷偷走了一支别在胸前的派克钢笔，以至于直到晚年还多次提到"上海的小偷真厉害啊"！

这种既具身份象征，又称手耐用，还很有收藏价值的名牌钢笔，当然也深受上海人青睐。直到20世纪五六十年代，拥有一支派克笔还是一件很值得骄傲的事。今天，市场上各种名牌、精品钢笔目不暇接；但能成为专用名词收入上海方言词典且为人们熟知的，也许仅就这支"派克笔"。

派司

派司的原形为英语词pass。pass在英语中也有许多含义。不过和party只带来派对一种解释不同，英语pass的诸多含义也被"派司"带入了上海话。

我们说"语文考试派司了"，是说通过了这门功课的考试，这时的派司作：过关、通过解。说"地主出单张，下家派司"(《新民晚报》2004

年1月28日),指的是在牌戏中放弃、不要的行为。也有人把扑克牌,称为"派司"。玩扑克牌,就是"打派司",这算是动词活用作名词吧。说"球派司拨伊",即在球类活动中要求对方传球递球给某人,这时的"派司"也可简称作"派"。

　　Pass在英语中作名词用的时候,有护照、通行证的意思,派司也是一样。《蒋介石家世》记载:"蒋介石和宋子文接受了三张可自由出入法租界的派司。"此外,在上海话中,派司也可以泛指用厚纸印成本子的证件、证书,如"乘车派司"、"结婚派司"等。2013年5月24日,《中国会计报》在报道关于职场中人获得职位晋升及扩展事业的重要砝码时,把国际职业资格证书称为有志于出国留学和工作的会计人的"红派司",2014年1月3日上海《房地产时报》也有一篇名为《百名软装设计师有了"硬派司"》的文章,说:"111名陈设艺术设计师从职业资格认定培训班毕业,成为首批获得专业职业资格的软装设计师。"

　　用途多多,难免借词随意。派司会被写作:派司脱、派斯、帕司等。这也是上海话外来语中的一个普遍现象。

派力司

　　译自英语palace,是一种用混色精梳毛纱织制成的轻薄平纹毛织物。

　　英语palace的原义是宫殿,派力司也就是见诸正式场合和豪华场所的装束。这种毛织物表面光洁平正,手感滑爽挺括,适宜于做夏季服装;其独特的混色风格,是在浅色面上呈现不规则的深色雨丝纹。过去确是有身份的人较为体面的服装用料。

　　2009年第8期《人民文摘》中,作者钟叔河回忆其在劳改队见到的潘汉年:"我一眼望去,是一个身材矮小、面容清癯、头发白多于黑而且非常稀朗,穿着一件旧灰色派力司干部服的老头,手里提着一只小竹篮子。"让我们看到一个身陷囹圄、风度依旧的形象。小说《繁花》里描写老克腊葛老师时说:"葛老师日日来坐,面对一只小圆台,端端正正看报吃咖啡品茶,三七分头,金丝边眼镜,冬天中式丝棉袄,板丝呢西装裤,夏天长袖高支衬衫,派力司翻边背带西裤,表情一直笑眯眯。"

根据东华大学王传铭教授在《中国近代服饰文化》中提供的资料,迟至民国时期,上海就在国内率先形成了粗纺、精纺、绒线和驼绒四个基本生产体系。其中精纺以仿制为主,产品包括哔叽、华达呢、凡立丁、派力司、素花呢、舍味呢等。因此,"派力司"一词应是从上海走向全国的。

攀

时下,喜欢西点的人们口中常会说到那个"派"字。什么苹果派、草莓派、柠檬乳酪派、蔓越莓芝士派,等等,不一而足。网络上热烈的DIY制作经验介绍,更是将派分成双皮派、单皮派、油炸派以及各种形状、大小、口味、风格。那么这个"派"究竟是个什么东西?

"派"其实就是上海人说的"攀",一种经烘焙、烤制而成的有馅甜点。源自英语pie(馅饼)的音译。一眼就可以看出,上海话的"攀",比无论是上海话或普通话的"派",都更接近原文读音。上海著名的德大西菜社有一款曾获优质产品金鼎奖的招牌西点,就是"柠檬攀"。

此外,老绍兴也有一种舶来的小吃,名叫"小攀"。说是光绪二十九年(1903)一名欧洲的传教士,让绍兴的老厨师制出的独具绍兴特色的西点。其色其味其名其源,都与我们知道的西点馅饼

攀

"攀"如出一辙。究竟是经由上海传入,还是同在吴方言区域的殊途同归,有待研考。

英语pie在上海话中还被写作"排"、"批"、"陪"等多种形态。"攀"是1986年上海辞书出版社《简明吴方言词典》的写法,殊可引作标本。

盘尼西林

盘尼西林即青霉素,英语Penicillin的音译。

盘尼西林是抗菌素的一种,是指从青霉菌培养液中提制的分子中含有青霉烷、能破坏细菌的细胞壁并在细菌细胞的繁殖期起杀菌作用的一类抗生素,也是第一种能够治疗人类疾病的抗生素。

盘尼西林1938年被发现并提炼出来。相关的科学家弗莱明、钱恩、弗罗里于1945年共同获得诺贝尔医学和生理学奖。盘尼西林的发现和大量生产,拯救了千百万肺炎、肺结核、脑膜炎、脓肿、败血症、白喉、炭疽等病患者的生命,及时抢救了许多的伤病员。

民国后期,樊庆笙受聘卫生署上海生化实验处任技正,并负责盘尼西林菌种选育及发酵的研究。研制成功并生产之后,樊庆笙为盘尼西林取名青霉素。新中国成立后,上海在从国民党接收过来的一个汽车修配厂的原址上,因陋就简,建成了能生产抗生素的"上海第三制药厂",开始批量生产盘尼西林(青霉素)。

盘尼西林一词已经收入《现代汉语词典》。2008

国产青霉素创制者樊庆笙

年,山西电影制片厂等发行的一部抗日题材的电影,就叫做《盘尼西林1944》。

泡立水

也叫"泡立司"。一度是沪上青年人耳熟能详的词汇。因为那时制作结婚家具、装修新家新房,都是邻里、同事、朋友、亲属间自己谋划和自己动手的事。于是,家具做"清水"还是"混水"?配香蕉柄还是老虎脚?泡立水要做几潽?便成为适婚青年之间的重要话题。

那泡立水是一种用酒精作溶剂的亮光漆,翻译自英语polish(抛光漆),由虫胶片或颗粒虫胶溶于酒精而成,因此也被叫做虫胶清漆。一般用于室内木器家具、地板和门窗等的涂饰。因为有隔绝空气、透明轻薄的特性,泡立水还被有些收藏家涂于古钱币上,用来防止金属氧化。

有个叫"田园甜圆"的网民,这样回忆孩提时代花几毛钱买的那支笛子:"一支一尺多一点的用苦竹做的G调小绑笛,通体谈黄,上面刻有'苏州民族乐器厂'字样,外面包了一层'泡力司',很亮。我很喜欢。"这个"亮"也是泡立司的功用。

《吴地俚言熟语》中说:"'腊克'、'泡力水'都是装设上光材料,因翻译时找不到对应的术语,只得借音书写,其实已兼顾词义。"

拍纸簿

如果你让现代的青年人翻译这样一句话:Have a pad ready and jot down some of your thoughts。他基本上会告诉你:"准备好平板电脑,及时记下你的想法。"没错,Pad就是眼下时尚的平板电脑。但远在电脑诞生以前,Pad就传来上海了。那是A number of sheets of paper fastened together along one edge, used for writing or drawing on(一些边缘粘在一起用于书

萧红

写或绘画的纸张），就是便笺纸，上海话叫做"拍纸簿"。很显然，这是英语词pad的音译再加上一个表意的类名，形成的上海方言外来语。

人们记叙民国时期在上海成名的女作家萧红临终的情况时，总会出现那本重要的拍纸簿。因为萧红在拍纸簿上写道："我将与碧水蓝天永处，留得那半部《红楼》给别人写了。半生尽遭白眼冷遇……身先死，不甘，不甘！"

扑克辛

扑克辛即拳击，也写作"博克胸"，英语boxing（拳击）的音译。

拳击比赛是一种戴拳击手套进行格斗的运动项目，包括业余的（也称奥运拳击）和职业的商业比赛。比赛的目标是要比对方获得更多的分以战胜对方或者将对方打倒而结束比赛。与此同时，比赛者要力图避开对方的打击。

拳击被称为"勇敢者的运动"。早在古希腊和罗马时代就有许多有关拳击的生动记载。19世纪末，拳击随欧洲殖民者的入侵进入中国。最先登录的，当属武术名家齐聚的十里洋场——上海。当年，因为中国传统的武术、散打、搏击中，没有拳击一说，因此按照英语读音，称之为"扑克辛"，也叫"西洋拳"。

许多至今都闻名遐迩的中国的武林高手，都是在上海与外国拳击手较量后，名扬海内的。这其中包括马永贞、霍元甲、纪晋山、郑吉常、王子平等。

后来在上海话中,扑克辛还被引申为拔拳头、干仗、打架。

一直到现在,这都是扮酷青年口中比较霸气的词汇。打架叫"开扑克辛";威胁别人准备动粗就说"要勿要弄场扑克辛白相相?"(要不要玩场拳击?)

扑落

扑克辛

现在的网络上,根据字义和普通话中这两个字的用法,把上海话中的"扑落"解释为"抖落"。说明这已经是个有点年岁的老词,以至于现代人已不太清楚它在沪语中的原义了。

扑落源自英语plug(插头)的音译,多指电器插头,上海话也叫"插扑"。最早也被用来指电源插座。茅盾在《革新〈小说月报〉的前后》中有一段描写:"房内除吊灯外,还装了个扑落,这是预备用台灯或电风扇的。"这里的扑落显然是指插座。

plug在英语中还有其他的解释,如:塞子(cork)、插销(latch)、旋栓(bolt)等。因此,扑落在上海话中,有时也有相应的运用。如"火花塞"(sparkplug)可以简称扑落;收音机等的旋钮,也可以叫做扑落。2013年间,有篇网络小说《春暗度》,说:

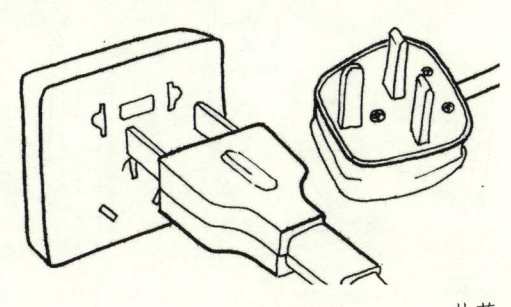

扑落

"开夏在房间那头,认真去旋那无线电的扑落。"指的就是它。

总之,和普通话多用来做动词不同,扑落在上海话中只用做名词,绝无抖落的意思。但是话说回来,扑落在上海话中,也间接和抖落多少有点关系。如说"扑落落",是形容眼泪成串往下掉;说"扑落拓",是东西掉落时发出声响的象声词,因此难怪会出现误解。1997年出版的《上海方言词典》将该词记作"扑碌",也许就是为了避免这层误解。

扑落现在也常被叫做"插扑",那就是个半音译半意译的词了。

婆司

上海话中外来语比较集中的类别之一,便是机械工业的零件名称。中国的机器制造业起步较晚,面对国外进口的机器设备,没有和它对应的零部件名称,只好借用原名的译音。

婆司是指套在轴承外的轴衬、轴瓦,原名是英语bush。无论是专业领域还是日常口语,婆司的使用还是比较广泛的。

1956年第12期《机械工人》杂志上,有茅福谦写的专业文章《退婆司的简便装置》。1970年第4期《上海造纸》上,也有题为《封闭活动婆司代滚珠轴承使用》的论文。时至今日,有些机械部件或零件还是被习惯地称为婆司。如:"连杆铜婆司"(brass bush connecting arm,衬套连接臂)、"齐格尔婆司"(jiggerpo division,卷染机轴承套)、"缝纫机铜婆司"(sewing machine sliding bearing滑动轴承)等。

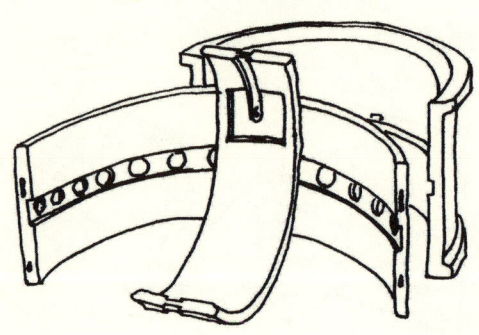

婆司

在每天要用标杆察看汽

车机油状况的年代,新驾驶员较为容易犯的差错就是:机油不够,婆司咬煞。电扇上油要加在婆司座子里。这都是我们比较容易在日常口语中听到的。

贝斯

这是一个比较容易混淆的词语。贝斯在上海话中有两个含义:一个表示低音,译自英语bass;另一个表示节奏,译自英语pace。两个词读成贝斯,都有点半像半不像。在"贝司"、"裴司"、"倍司"等早期各种纪录中,也找不出明显的分工。

表示低音时,贝斯指音域较低、在低音频发出的声音,例如:贝斯提琴、贝斯吉他、贝斯音响,都是指声音、音域而言。

但同时,贝斯也可以指发出低音的乐器,例如:贝斯手、四弦贝斯、贝斯独奏等等。美国《国家地理·旅行者》杂志,在2014年评选出了30年来最佳的9幅摄影图片。其中一幅的说明文字这样写道:"这条贯穿了两个街区的长路位于纳什维尔下百老汇地区,是听音乐的绝佳去处。人们背着低音贝斯,在美丽的霓虹灯下来来往往。"这个"低音贝斯"也是指乐器。

而如果说"我来帮你打贝斯",指的就是随音乐打拍子、敲节拍。这时的贝斯,作节奏讲。"迪斯科舞厅贝斯佬结棍!"可以指低音厉害,也可能在说节奏感强烈,需依语境而定。

拌铃

拌铃是英语bearing(轴承)的音译。

轴承是一种当代机械设备中几乎不可或缺的重要零部件。它的主要功能是支撑机械旋转体,用以降低设备在传动过程中的机械载荷摩擦系数。中国是世界上较早发明滚动轴承的国家之一,在中国古籍中早就

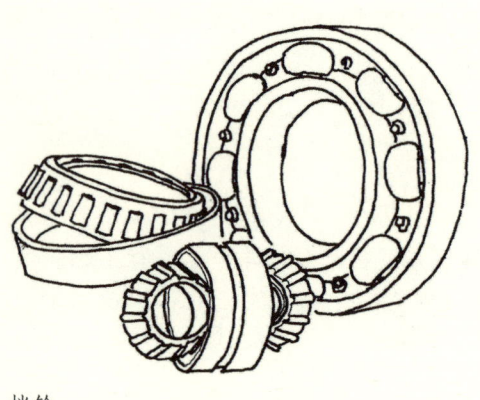
拌铃

有车轴、轴承方面的丰富词汇,但轴承工业在近代远远落后于西方。

上海因为通商的原因和租界环境,成为中国近代轴承工业发展的先驱。开始是推销进口轴承,然后是"前店后工场"式的装配。1937年,秦福兴五金号自行生产、组装成功1308双列调心球轴承,这是中国第一套国产轴承。"拌铃"一词应该也是在这一时期,伴随近代工业技术的传入而出现的,是专指机械轴承的上海方言词。

拌铃一词的流传范围不算广泛,主要在工厂工人和技术人员之间使用。现在知道的人更是越来越少。2007年12月,有人在"新浪博客"上撰文《汉语现状:内忧外患》说,自己还记得儿时口语里的一些英语词汇,如管轴承叫"拌铃";打乒乓时,管擦边球叫"克取"(作者按,更常用的是"塔取",来自英语touch,触碰)等。这真可算是轶海钩沉,偶拂尘封了。

白脱

即黄油,上海话念英语butter(黄油),就是"白脱"这个音。

把新鲜牛奶加以搅拌,静置后初步提炼得到的是奶油;奶油再经过消毒、去乳糖和蛋白质即得到黄油。上海人也称之为"白脱油"、"奶油白脱",有时也译作"白塔"。

白脱含脂量高,营养好。商店里常见的白脱面包、白脱曲奇、白脱蛋糕等,都是含黄油的食品。现在更多见的是西餐西点中与面包配套供应的小包装细质白脱,有的还分成原味的、半盐和加盐的不同种类。

在许多上海人的眼里,白脱不仅是食物、不仅是营养,还意味着情调。陈丹燕在《上海的金枝玉叶》中,描述上海老克腊享用的西式早餐,就有"火腿蛋卷、烟肉蛋以及搭配新鲜白脱的烤吐司,最后再喝上一杯咖啡或是正宗的英式早餐茶,悠闲的岁月这样拉开序幕,民国的那些女神,比如张爱玲、宋美龄、唐瑛等人,几乎都是从这样一顿早餐开始活色生香的每一天"。

在讲究生活品质的今天,寄托在白脱这类细枝末节上的情调,依旧留在上海。例如,修葺后的外滩和平饭店所提供的周六下午茶点里,就一定要有与当年毫无二致的白脱斯康饼和法式马卡龙,才能体现它经典和怀旧的主调。

白兰地

白兰地是英语brandy的音译。指一种以水果为原料,经过发酵、蒸馏、贮藏陈酿而成的蒸馏酒。按国际上的惯例,白兰地通常就是以葡萄为原料的蒸馏酒,也叫做葡萄白兰地。

据说,brandy的名称是从荷兰语brandewijn(白兰地)演变而来。该词前面的brande,是燃烧的意思,而后面的wijn,是指葡萄酒。这里所说的燃烧,即是指加热蒸馏。

白兰地

2012年7月,在上海《解放日报》组织的一次论坛上,作为嘉宾的上海方言专家钱乃荣先生说:上海成为新的中国语词发源地,如"马路、洋房、自来水、橡皮筋、尴尬、揩油"等新名词先在上海话里出现,大量的音译词如"沙发、色拉、啤酒、白兰地、麦克风、马赛克、老虎窗"等新词也从上海话中诞生。

白兰地一词最早出现在哪一年尚未查到。但1872年,产自法国的白兰地便已畅销沪上。迟至民国初年,白兰地的广告就已见诸上海《申报》和其他印刷物中。

上海还有许多关于白兰地的故事。据说1932年淞沪抗战时,十九路军蔡廷锴亲赴吴淞要塞督战时,就曾用白兰地酒激励战士。此外,20世纪30年代上海《新民晚报》曾出"五月黄梅天"为下联,悬赏500块大洋公开征集上联,结果中奖的,是"三星白兰地"。意思虽风马牛不相及,对仗之工整却令人叫绝,也算是白兰地在上海的一段趣闻。

白洛克鸡

指一种原产美国的食用肉鸡。英语叫whiterock,是上海话意译(白)加音译(洛克)加类名(鸡)形成的外来语。

这种鸡是洛克鸡七个品变种之一,也是世界五大名鸡之一。白洛克鸡全身披白羽,喙、胫和皮肤均为黄色,冠、肉垂与耳叶为红色。体大丰满,早期生长速度快,胸、腿部肌肉发达,肉料比高,成年公鸡和母

白洛克鸡

鸡的体重在3~4.5千克。白洛克鸡经过一代代杂交育种改良，于20世纪40年代末50年代初才出现在欧美国家。20世纪80年代被大规模引入我国，成为国内外较理想的肉鸡品种。

其实，在此之前，上海就率先引进了白洛克鸡。2011年4月，"东方网"有篇介绍知名畜牧兽医专家的文章说："20世纪60年代，上海引进了名为'白洛克鸡'的新品种，一只鸡单价高达五美元。"也就说，在这个品种的鸡诞生十年左右，就有了上海话的名字，白洛克鸡的称呼也是在这时传播开来的。

仆欧

上海开埠后，一时间引用洋文成为时尚。有些新鲜事物汉语本无对应名称，译用外语也就罢了，但有些东西明明家有祖训，却偏偏舍己求人。这个"仆欧"就是一例。

仆欧是英语boy的音译，意为男仆、男佣、仆役、侍应生。在英语里，男性侍者有许多叫法：manservant（男佣）、footman（侍从）、houseboy（僮仆）、lackey（跟班）、hamal（搬运男仆）、valet（贴身男仆）等。Boy是其中带有贬义、蔑称含义的称呼，大多指勤杂工、干粗活的侍役，或资格浅薄的学徒，甚至被用作白人对非白人仆役的傲慢用语。就是这样的仆欧，结果被用来作为时髦用词。

最早见到的，是清代李伯元在上海创办的《绣像小说》半月刊上连载的《文明小史》，说："船上的仆欧把他领到劳航芥的面前，众人定睛一看，是颜轶回。"张爱玲《公寓生活记趣》里也有："这边的人在打电话，对过一家的仆欧一面熨衣裳，一面便将电话上的对白译成了德文说给他的小主人听。"茅盾《第一阶段的故事》："大公馆的仆欧，大公司的店员，都放下生活，跟着征兵的旗子走了。"

虽然历史悠久，虽然已在口语中基本消失，这些词语还是会时不时穿越时代，出现在现代作家的笔下。前几年谢世的上海作家程乃珊在她的《银行家》描写："餐厅前煞住，早有戴白手套的仆欧上来打招呼开车门。"

蹩脚

民国胡祖德《沪谚外编》解释说："蹩脚，侘傺无聊，不得志也。文言谓之'落魄'，北京谓'没乐儿'。"

现在上海话里，蹩脚主要的意思为：差劲，能力低下，质量低劣。《海上花列传》说的"蹩脚官人"指的是人；人们口语中说的"蹩脚货"指的是东西。钱钟书《围城·六》里说："也许明天高松年不认我这个蹩脚教授。"这是自谦的表示。鲁迅关于果戈里《死魂灵》的翻译与胡风的书信中写道："我这回的译本，虽然也蹩脚，却可以比日译本好一点。"这当然也是自谦。

蹩脚的另一种解释是跛脚、瘸脚。上海有句俗句说："噱头噱在头上，蹩脚蹩在脚上。"鲁迅《南腔北调集·萧伯纳在上海·序》里说："于是各人的希望就不同起来了。蹩脚愿意他主张拿拐杖，癞子希望他赞成戴帽子。"都是指脚上出了问题。

近期有人认为蹩脚源自英语 bilge（原意为：废话、无聊的想法、舱底）。其读音虽然相近，意思却不免勉强。是否确有渊源，有待进一步考证。

别琴

说"别琴"要从"洋泾浜"说起。

洋泾浜本是上海黄浦江一条支流的河名，曾是旧上海英、法租界的界河。在租界时期，这一带是外轮经常停靠的码头。外国商人与上海的掮客、甚至与码头搬运工人之间的接触交流需要，促使一些中国人学习了少量英语词汇。这种情况,在上海租界渐成风气,于是产生了一种特别的英语:使用英语词汇,以汉语语法为主,语音上受上海话影响,没有性、数、格等变化。这种混杂的英语,被成为"洋泾浜语"或

旧上海的洋泾浜

"洋泾浜英语"。英语叫pidgin(混合语),音译为上海话,就叫"别琴"或"皮钦"。

别琴语是一种较为广泛的语言现象。当地人和为数较多的外来者交际过程中,彼此在语言上妥协而产生的一种能使双方勉强沟通的交际语言。这种语言语法规则减少到最低限度,并带有本地语法的痕迹。在多民族邻界地区,通过长期的民族交融,也会产生别琴语。

有趣的是,pidgin并非原版英文,乃是由business(生意、贸易)的中文译音而出,再复为英语词。成了意指"在贸易或交往中形成的不同语种的混杂语言"的专门词汇。而后再转译为"别琴"或"皮钦"。上海洋泾浜语在20世纪20年代以后消失。

清末杨勋著有《别琴竹枝词》,录词共百首。其中较为出名的是这一首:"来叫克姆(come)去叫谷(go),是讲也司(yes)勿讲拿(no),雪堂雪堂(sitdown)请依坐,翘梯翘梯('翘'为沪语'吃',tea为茶)吃杯茶。"

嗲

嗲的原意是用作形容的女性和小孩撒娇的声音或态度。如"嗲声嗲

气"(声音缠绵)、"嗲妹妹"(娇柔小姐)、"发嗲"(媚态外露)。和当今的流行词语"卖萌"有近似之处。

在上海话中,嗲有时也用作称赞某事物的优异:"辦只手机瞎嗲!"意思是这只手机非常好。甚至可以形容人得意洋洋的样子"侬嗲点啥?"意思是诘问你神气什么?。

上海方言专家钱乃荣先生对这个"嗲"字颇有研究。1962年曾在报上刊登《为嗲字一辩》的文章,在2002年出版的《沪语盘点》中,也专列一节《说"嗲"》。认为:"'嗲'这个词在上海至少已经流行了一个甲子了。……'嗲'是上海人对女性魅力的一种综合形容和评价,它包含了女性的娇媚、温柔、姿色、情趣、谈吐、出身、学历、技艺等复杂的内容,有先天的也有后天的。……'嗲'反映了上海一些女子的追求目标和男子的兴趣指向。"善用沪语的金庸先生在《鹿鼎记》三十四回中写道:"这样如花似玉的公主,又骚又嗲,却平白地给了吴应熊这小子做老婆。"

有人认为这个"嗲"字,来源于英语dear(亲爱的)。外国人熟人间见面,首先就是"dear",加之亲切愉悦的表情和热情温柔的拥抱,十里洋场里的上海人,自然一学就会。"嗲唻"、"发嗲"便由此产生。

德律风

1876年,美籍英国人贝尔发明了电话,让世界迎来了电讯发展的新时代。仅仅一年之后,上海的首部电话即告诞生。1877年,上海轮船招商局为了保持总局与金利源码头的联系,从海外买了一台单线双向通话机,拉起了从外滩到十六

德律风

铺码头的电话线,这是上海也是中国出现的第一部电话。实际上,上海第一个经营性的电话交换所——1882年成立的大北电报公司在外滩7号设置的电话交换所——也只比在美国设立的世界上第一家电话公司晚了一年而已。

上海人将英语中的电话telephone一词,音译为"德律风"。德律风既指电话,也可以指电话机。旧上海先后出现过中日德律风公司和华洋德律风公司。

易中天说:"电话译为德律风也还有意译的成分。风,在汉语中原本就有传递、传达、传播的意思,而用电话传递信息,也像风一样的快。"而当时的日本,却创造了一个意译的汉语词,来称呼telephone。那就是"電話"(テレフォン)。国人还在邯郸学步时,日本人用汉字完成了创新。之后的汉语"电话"一词,是从日文辗转引用过来的。可以理解为通过电线说话,远比不知所云的"德律风"来得生动、形象、感性、直观。

对上海人来说,德律风不仅是对遥远辉煌的记忆,也是对参与文明创建的自信。不过,现在除了一些怀旧小说、记事外,已经鲜有人使用该词了。

吐司

吐司是英语toast(烤面包片)的音译。

说是源自法国15世纪一则故事。故事中,法国国王听说有人可以把一片一片的面包变成黄金的机器,便限厨师在两个星期内要把这种机器发明出来,厨师最后发明出来的只是一架烤面包机。但是,涂了奶酪的烤面包片还是得到了国王的赞赏,并且用自己女儿的名字——Toast,命名了新发明的烤面包片。这样,吐司便诞生了。

常规的吐司是烤制的听型面包。经切片后呈正方形,夹入火腿或蔬菜后即为三明治。吐司也可以经烘烤后抹上奶油、牛油、果酱等配料,作为欧陆式早餐的主食。面包片中白脱放得多一些、烤得硬一些,就叫做"别司起"(biscuit)。

在清末时候,译名界的通行语言不只上海一处。张家玮的《如何给洋食物起中国名儿?》说:"欧陆面包toast,广东人叫做多士,上海人就抬杠:就得叫吐司。"

时至今日,以吐司为名的西点各处可见,且其名目百怪千奇。什么新加坡的咖椰吐司、老洋房的蟹粉吐司、日月光的蜜糖吐司、台湾的米吐司、新天地的香蕉核桃法式吐司等,让人目不暇接。

拖丝

上海话发音"吐司"和"拖丝"几乎一样,但意思则完全不同。

拖丝多用于小孩游戏,指正好将物击到、丢到或打到规定范围的边线上。

上海方言专家薛理勇为说明这个词,举了这样的例子:弄堂小囡的盯橄榄核游戏中,先画出一个方格,游戏时各人持另一橄榄核,从上方垂直盯击方格内的橄榄核,将其击出,即归盯者所有。如果正巧将核击到方格的线上,即称拖丝,不算击出。

这个拖丝有音无字,一般认为是英语to side(线上)的读音,所以也意译成"搭线"(压线)。to side最初是球类比赛时裁判用的术语,指球被打到介于in side和out side之间。网球等比赛中,to side多数是有效球。因为在英语里,to side的同义词包括support(支持)、favor(有利于)等;但上海小孩游戏时说拖丝,多是指无效、作废。不过,现在在上海小孩嘴里,只听得到"搭线"而再不会听到说"拖丝"了。

太妃

上海话里的"太妃",可不是古代封建帝王五侯遗孀或妃嫔受封所称的那个太妃,而是英语toffee或者美语toffy(奶油糖)加入深厚含义的沪语音译。意思是指一种西式口味的糖果。因此,为表示区别,可能称作"太妃糖"更加合适。

太妃糖

正宗的太妃糖是用红糖或糖蜜和奶油做成的。制作方法是将糖蜜红糖煮至非常浓稠,加入炼乳、可可液、奶油、葡萄糖浆、香兰素和榛子等配料,然后用手或机器充分细致地搅拌,直到糖块变得有光泽并能保持固态形状时为止。再经成形、烘烤而成。这样做出来的糖果软硬相间,味道浓郁,且很有嚼劲。小时候记忆比较深刻的,有公私合营天明食品厂的"百鸟太妃"、公私合营冠生园食品厂的"紫雪太妃"以及清真天山食品厂的"奶油香草太妃"等。

据说英语toffee一词,原本就有柔软、有韧性的含义。译成太妃也颇有刚柔兼备、风味醇美的意味。应属上海话外来语中音意兼顾的翻译佳作,起码比其他地方译成"拖肥"要强很多。

太利门

英语tally man的音译,意思是理货员,或者货物管理员,物流各环节都有设置的一种货物管理重要岗位的管理员。例如商场理货员、仓库理货员、港口码头理货员、车船理货员等。

这是旧时西方物流管理理念引入时带来的副产品。旧上海工商界没有同类职位，当然也就找不到比较对应的名词。于是只能用原文的音译词来表示。

不同岗位、不同环境的理货员有各自不同的职责。基本的包括：登记、对账、验核、整理、置唛、堆码；有的还要配货、包装、标价、进行退货处置等等。1984年出版，反映20世纪30年代上海工业情况的《上海产业与上海职工》一书，这样描述轮船理货员："太利门是在船停靠后，起运货物时管理发筹和收筹的。……普通太利门和看舵的都有七八人左右，船开后就没他们事了。"

理货员的一项重要职责是登录、统计。英语tally，就有记账、记录的意思。因此，太利门有时也被当作"记账员"用。英语对tall yman的解释之一就是：A person who keeps a score or record of something（一个负责进出账目记录的人）。

随着工商管理和货运物流的发达，汉语中出现了许多更加科学和准确的名词，太利门已经很少有人使用了。

坍白

"坍白"也有写作"泰博"，英语taper（锥度）的音译。锥度是工业制图和工件测量中的一个概念，指圆锥的底面直径与锥体高度之比。Taper也可以译作锥体。

在上海话中，坍白用来表示斜口、坡面、锥体状的物体。例如密封玻璃瓶的瓶口，就是坍白形的。说"迪只卡口有眼倒坍白，摆进去仔勿容易拔出来"，是说这个叠套物体的卡口有点倒锥形，进去后不容易拔出来。听工厂的老师傅们说，过去车工车坍白形的圆锥面零件，是学徒必过的一道技术高坎儿。

除了上海话口语中形容零部件、小物件时，偶尔会用到这个坍白外，现在在铁道维护的专门术语中，还会看到"坍白"一词。那是指枕头道床溜坍,或者轨道接头呈马鞍形,或者驶入端轨面坍陷等故障现象。可以理解为本应平整的轨道出现了斜口、坡面的不正常状况。意思和上海话中的坍白相近。估计这和火车由英国人发明、中国的火车历史从上海开始是有直接关系的。也算是上海话外来语在特定领域走向全国的例子。

透平

透平即涡轮机或汽轮机,是英语turbine(涡轮)的音译。turbine的原意为旋转物体。涡轮机就是将流体工质中蕴有的能量转换成机械功的机器。

透平的最主要的部件是一个旋转元件,即叶轮。流体推动叶轮转动,驱动透平轴旋转,从而带动其他机械,输出机械功。以水为工质的透平称为水轮机,以蒸汽为工质的透平称为汽轮机。

透平一词,目前在其专业领域还在普遍使用。直接以透平为名称的汽轮机生产或销售厂商不在少数。甚至一些行业技术标准或规范,依旧冠以透平的名称。如2004年复审后继续执行的《透平齿轮传动装置技术条件(GB/T8542-1987)》、2002年颁布的《透平型同步电机技术要求(GB/T7064-2002)》、国家机械行业标准《透平同步发电机用交流励磁机技术条件(JB/T7784-2006)》等。2014年8月29日,来自国家工业和信息化部的报道说:"重工集团公司武汉船用机械有限责任公司,在武汉成功进行了自主研制首台套的船用货油泵透平驱动装置、大排量潜液泵的演示验证。"这个"货油泵透平",就是蒸汽涡轮机驱动的向外输送液货的泵送设备。

听

这是为引用英语tin(罐)而假借形成的名词或量词,也有写作

"厅"的。

作名词时,专指用镀锌或镀锡的薄铁皮制成的罐子、筒子、盒子,也叫"听头"。当年一些进口的食品、饮料,因为便于运输和保存,多以此包装。如饼干听、听装香烟等。

作量词,即成为罐头等听装物品的计量单位,如三听咖啡、四听奶粉等。

听装商品一直是上海人觉得拥有或送人都很有面子的高档货。2003年食品产业网介绍《饼干有何特点?怎样包装饼干?》时还说:"铁听包装是用彩印马口铁制成的饼干听包装,铁听有正方形、长方形、圆柱形、椭圆形、异形等多种。这种包装,密封性最好,包装强度高,外观鲜艳,大方,遮光性极好,经久耐用,是饼干的高级包装。"

听装香烟也是这样。《国共往事风云录》里,对蒋、汪会面的广州长堤八旗会馆是这样描写的:"客厅里摆设着红木茶几和靠背椅子,茶几上放着听装香烟和烟缸。"与红木家具相配的,当然是听装香烟。1917年,上海大世界刚开张时,为了招徕游客,设置了四十余处"诗谜摊"。但凡有人参与猜谜,即可获赠门票;猜得正确,还可赢得"司令牌"、"茄力克"听装香烟。

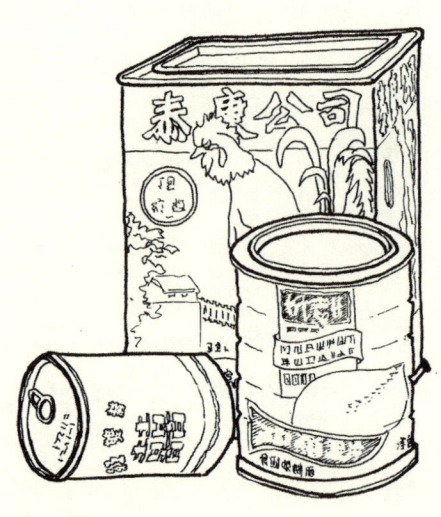

各式听头

吞头势

上海话"吞头势",一直以为是指旧时朱漆大门上的那个兽头门环。那个衔环的神兽叫做螣蛇,为奇门中八神之一。传说螣蛇凶猛异常,令人望而生畏，故此遣来门上镇宅护院。古代武将护心镜两侧的兽形头像也是它。

后来人们把武将凶狠的气势称之为"腾头势"；随后，又逐渐衍化被写为"吞头势"。用来形容待人接物态度生硬、动不动就吹胡子瞪眼睛的架势。说"侬格副吞头势，哪能好去？"意思是说：你这副模样，怎么可以去呢？

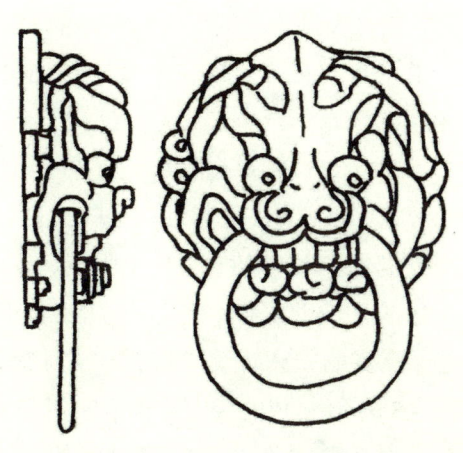

吞头势

现在有另一种说法，说吞头势是英语tendency的音译。这个tendency在英语里也有模样、气派、架势的释意，和上海人口中常用的吞头势如出一辙，读音也颇为相似。《吴地俚言熟语》中说："形容人的举止模样、神情状态，沪人常说'吞头势'，英语是tendency，这种词语颇难进入普通话，却很容易在上海话里插足，因为沪语中用'头势'为后缀的很多，有热头势、冷头势、吓头势、搅头势、缠头势、烦头势、慢头势、噱头势等，仿佛是土生土长的系列词语。"顺着这一解释，自然又要回到"吞"或"腾"字上。秦汉时代的《尔雅》，就有腾蛇之说，兽头门环也早已有之；那时候的人们还不知道英语为何物。

因此，现在的这个吞头势由来何处，变得两厢难定。或许是语言传流的殊途同归吧。

贴血

贴血其实就是T恤，英语叫做T-shirt（短袖圆领汗衫）。

关于它的来历一直众说纷纭。一种说法是，17世纪在美国马里兰州安纳波利斯卸茶叶的码头工人都穿这种短袖衣，人们把ten（茶）缩写为T，将这种衬衫称为T-shirt。另一种说法是该衣展开两袖略呈T字形，因此也叫"T形衫"。

总之，T恤衫最初原是干粗重体力活的工人们穿用的内衣。直到20世纪五六十年代，人们为了追求舒适、随意，使服装的功能性和类别变得模糊化，T恤衫随其他休闲服装逐渐成为潮流。期间当然少不了银幕形象的推波助澜。有人说，20世纪50年代是美国文化配合好莱坞电影进军世界的光辉时代，T恤衫与牛仔裤、黑色皮夹克共同塑造了一种深深影响年轻一代的叛逆英雄形象，代表着对传统礼节、上流品位的藐视和摒弃。无形中促成了T恤衫风潮的国际性蔓延。

"T恤"的名称什么时候传到中国的呢？有人以为是20世纪80年代改革开放之后。其实，在T恤风行全国之前很早，上海就传入了这个词汇。1920年出版的《上海轶事大观》中说："短衫谓之贴血，又曰霍血。"易中天在《西北风·东南雨》中说："T恤就是短衫，老上海话称作'贴血'。"

T恤衫后来变成翻领、半开领衫，甚至发展到外衣，包括T恤汗衫和T恤衬衫两个系列，但是"贴血"一词几乎没有人再用了。

杜洛克

"杜洛克"是曾经流行于上海的一种扑克游戏。一般两个人或三个人玩。玩家每人先发七张牌，握有最小牌点的花色即为该局的王牌。从定王牌者开始，按顺时针出牌进攻下家。被进攻方须出同样花色且大于攻方的牌抵挡，也可以用王牌抵挡。抵挡成功，则抵挡方转换为进攻方，补齐七张牌开始下一轮进攻；抵挡不住，须将这轮所有攻防的牌"吃进"，同时丧失下轮转为攻方的资格。如此循环，最早补完并出完手中牌者为赢家。王安忆在《长恨歌》中提到："打杜洛克是所有牌中最简单的一种"。

杜洛克源于英语duroc，原指一种短头红毛猪，也称作Duroc-Jersey，原产于美国东部的新泽西州和纽约州等地。现在已经广泛分布于世界各国，也是中国杂交组合中的主要父本品种之一，用以生产商品瘦肉猪。据说这种猪能吃善长、体壮早熟，杜洛克牌戏的最后输家，也是吃进纸牌最多的一方，以duroc相称，颇具戏谑意味。

杜洛克猪

另一种说法，该词源出俄语Дурак。Дурак的读音也念作"杜洛克"，词的原意是"傻子"，同时也有"纸牌游戏"的意思。早年，上海人也有把玩扑克统称为"打杜洛克"，这就印证了源自俄语的说法。

大拉斯

英语dollars的音译。dollars即"元"，指钱的单位。也有称作"道拉斯"、"大辣"、"大拉"。上海话大拉斯泛指钞票钱币，有时也特指美元。

该词出现较早。《清稗类钞》记载："温大拉，银元一枚也。考其源，实出于英语之One Dollar，贩夫走卒咸解之。"1873年2月，《申报》连载杨少坪百首调侃"洋泾浜"英语的《别琴竹枝词》有这样的诗句："算账先呼押克康（account），对而(tael)大辣(dollar)即银洋。"

上海话里指钱的用词很多，有钞票、铜钿、铜板、洋钿等，但有时直接说钱，会过于直白露骨，显得俗气，不符合上海人委婉、含蓄的心理和思维特征。于是，就生出各种对钱的隐晦称呼。例如：分、血、黏头、花纸头等,大拉斯也是其中之一。说"大拉斯有伐"?是问你有没有钱;"办事体少勿脱大拉斯"是说没钱办不了事。

该词一般在玩笑、戏谑等私下非正式环境使用,上不了正规场合。

抬头

汉语自古就有"抬头"一词,原指一种书写的格式。

旧时书信、公文等行文中遇到对方的名称或涉及对方时,为表示尊敬,就要采用"挪抬"或"平抬"的格式。其中,挪抬是在人名及称谓的前面留一个字的空白。平抬则是遇到人名直接换行顶格书写,常用在君臣间的往来公文中,臣子之间的往来公文中提到君主也要换行顶格书写。

现在我们所说的"抬头"主要是用于单据、支票、发票上,指收货人、收款人等单据收讫方的称谓。例如汇票有三种抬头:限制性抬头,指示性抬头,持票人抬头。一般购物后需要发票的,商家都会问一句:"抬头哪能开?"或者:"抬头写啥?"2014年7月,中国某著名商人被爆受骗,"在一名哥伦比亚大学的志愿者的引荐下,凭借一本彩色说明书,一张没有抬头、字迹潦草的'收据'以及排版错误、纸质普通的'世界首善'的证书,轻易骗取了3万美金"。

这里的"抬头"和古词含义迥异,其来源是英语title(标题、头衔),属于音义兼顾、巧用古词的翻译佳作。

道勃儿

英语double(加倍)的音译,意思就是双倍、翻番。

上海话在使用时,经常会说"翻个道勃儿"、"加只道勃儿"。例如:"老早买股票,呒没多少辰光就可以翻个道勃儿。"那是说:过去买股票没多久就可以赚个翻倍。

不过,这个道勃儿现在的上海人也用得越来越少了。2012年网上有篇《上海话输入法刍议上海话》的文章说:"我父亲说的上海话就和我说的不一样,我说的上海话多少有些普通话的影子,譬如,我很少讲'拉司克',很少讲'道勃儿',但我父亲他却经常说起。"

double在英语中还被用于竞技运动的术语;例如棒球中的"二垒安打",篮球中的"两次运球"等。其中一些也被道勃儿带进了上海话。篮球比赛中,裁判说"道勃儿",就是表示两次运球犯规;乒乓球比赛时说"道勃儿",是指乒乓球在一方台子上连跳了两次。1986年出版的《方言与中国文化》说:"道勃儿在竞技活动中还解释为加一次比赛以决胜负。"

道林纸

道林纸亦作"道令纸",它的正名应为"胶版印刷纸";是专供胶版印刷的用纸,也适用于凸版印刷。

大约在20世纪20年代,旧中国的纸业市场上,手工纸还在占主流。写信用毛边纸,记账用连史纸,画画用宣纸,石版印书用玉扣纸。有一年,上海的一家纸行,同香港的英商道林股份有限公司(Dowling Co.Ltd.)做成一桩生意。从欧洲漂洋过海购进了一批白度较高、强度较好的印刷纸。这些纸投放市场,印成的书籍比较漂亮,深受读者的欢迎。于是,声名大噪,其他印刷厂和书局也点名要买这种好的印刷纸。因为这种纸是由美国道林(Dowling)公司制造的,所以便按该公司名称的英语读音,称其为"道林纸"。可见,道林纸是音译加类名的上海话外来语。

之后很长一段时间,道林纸一直是书写、印刷上乘用纸的代称。1926年在上海创刊的《良友》画报,号称追求时髦新颖,其标志除了每期以摩登女郎为封面外,用道林纸铜版印刷也是它的新亮点。1935年,鲁迅先生为纪念遇害的瞿秋白,也决定用重磅道林纸来印刷其亲自编订的瞿秋白译文集《海上述林》,以示规格隆重。

邓禄普

邓禄普品牌的创始人约翰·伯伊德·邓禄普

邓禄普原是英国人约翰·博伊德·邓禄普（John Boyd Dunlop）创办的一家橡胶轮胎公司。早先，邓禄普是北爱尔兰贝尔法斯特的一名兽医。1888年，为了能让儿子快速舒适地骑三轮自行车，他发明了世界上最早的充气轮胎。发明获得成功后，邓禄普便创建了以自己名字命名的轮胎公司。

20世纪20年代初，以Dunlop（邓禄普）为品牌的橡胶汽车轮胎风行上海。橡胶也叫做橡皮，对橡皮厚实耐磨的印象，让上海人有了生动的借喻。因此，除了把该品牌的轮胎叫做邓禄普外，上海话里，常用邓禄普揶揄某人的脸皮厚。"侬只面孔像邓禄普！""面孔比邓禄普还厚！"意思是说你脸皮厚，恬不知耻。

上海话用邓禄普，而不是用其他轮胎品牌名称来形容人的脸皮厚，是有原因的。吴语中素有用"邓皮"、"厚邓邓"等词，为讥讽颜厚者的俗语。只不过所用的不是邓字，而是骨字旁一个盾。《吴下方言考》注其音为：腾；释义：皮肉坚厚处。该字上海话就读若"邓"。

1949年之后，该公司的产品淡出上海。再后来，邓禄普轮胎品牌被日本人收购，邓禄普公司已经转向做其他产品。但因这个邓禄普已被引进为上海方言词，所以，比喻人脸皮厚的邓禄普，还一直在上海人口中流传。

达孛留西

该词源于英语WC，大多用于口语而鲜见写入书面。因此，猛一看到"达孛留西"这四个字，还真觉得陌生。其实早在1945年出版的《上海通俗语及洋泾浜》一书中，也有该词，只不过是写成了"特勒流西"。

对路遇内急、又不愿直以白话的文人雅士，这个代名词还是蛮管用的。"啥地方有达孛留西？"就是哪里有厕所的意思。

WC是英语watercloset（储水箱）的缩写。很早以前，厕所里都有水箱，人们一提到watercloset就想到了厕所。但说英语的国家后来指厕所一般都不用WC，认为其不够委婉，过于低俗，有点像用中文的"茅坑"来指厕所。转而使用toilet（盥洗室），bathroom（卫生间），restroom（洗手间）等较为文雅的词汇。于是，一段时间内，用WC来代表厕所，成了一个仅存于中国人口中的中式英语。

却不料进入21世纪，中国人逐渐成为世界旅游的第一大客源。欧美各地为招徕游客，尽量迁就中国人的文化和习惯。那个本以为不雅的达孛留西（WC），因为中国游客熟悉的关系，又堂而皇之地成为各处厕所的标识。是为经济决定文化之佐证。

古贝斯克球

即回力球，源于英语Basque（巴斯克）。原为西班牙巴斯克

古贝斯克球

人(Basque)玩的球戏，因此称作古贝斯克球。

古贝斯克球1929年引入上海。运动员在三面围墙的球场上，一只手臂戴柳条编织的长勺形手套，将硬橡皮球掷向前墙并接住从前墙弹回的球。观众席呈阶梯式，设在无墙一面的场地外。古贝斯克球是从某种形式的手球发展而成的。比赛分单打、双打或三人为一队对打。可以采用与网球相同的算分方法，即一方先得4分为胜一局，只是以13局决胜负。在比赛进行中，运动员在空中截接球或落地一次后接球均可，但必须按顺序一掷一接，直至有一方掷球失误或违例，为对方得1分。另外还有一种多队循环比赛的方法。

据《上海研究资料》记载，古贝斯克球曾经风行上海，一度成为最普遍的室内运动之一。过去陕西南路上的上海市体育馆，曾是旧上海最著名的回力球场，同时，也是一所大赌场。古贝斯克球的赌博分为独赢、位置、双独赢、赢连位、香槟彩票数种。赌客赌注下在不同球员的输赢上。一盘结束后，马上可以知道结果。《画说老上海》说："回力球赛的赌博性质跟赛马、跑狗相同。每当华灯初上，车水马龙，在回力球场上，击球声、呼叫声、心跳声汇成大声浪，许多人想博取一笔横财，结果却把自己囊中的钱化为乌有。"

咖喱

咖喱，一般认为起源于印度。"咖喱"一词源于泰米尔文kari，意思就是调料。英语为curry。按它们的读音翻译成上海话就被写作"咖喱"。

相信是19世纪上海开辟租界，随着印度巡捕的出现而引进的。1926年出版的《上海方言惯用语集》里，就有该词，只是写法稍有不同："今朝要买猪肉来做加力"。

咖喱是由姜黄为主料，另加多种香辛料配制而成的复合调味料，其味辛辣带甜，具有特别的香气。主要用于烹调牛羊肉、鸡、鸭、土豆、菜花和汤羹等。除印度外，在斯里兰卡、泰国、新加坡、马来西亚等南亚和东南亚许多国家中，咖喱都是必备的重要调料，在一些西餐中也会用到咖喱。以颜色来分，咖喱有红、青、黄、白之别；根据配料细节上的不同，来区分种类口味的咖喱，更有多达十余种。这些迥然不同的香料汇集在一起，就能构成不同种类咖喱的各种令人意想不到的浓郁香味。

将食物配入咖喱及香料，能增加食物色香味，也能促进胃液分泌，令人胃口大增，同时能令食物保存更久。因此咖喱也受到上海人的青睐。上海人餐桌上常见的咖喱菜肴，主要是咖喱牛肉、咖喱鸡块、咖喱土豆等。

家里蹲大学

1979年，由上海电影译制片厂译制的26集美国惊险电视系列片《加里森敢死队》在上海放映。故事以第二次世界大战后期为历史背景，叙述美军中尉加里森（Garrison）从监狱里找来一些杀人犯、骗子、强盗、小偷，组成一支前所未有的敢死队。他们深入敌后，营救战友，轰炸雷达站，绑架德军元帅，偷取秘密情报，把德国人骗得晕头转向。故事还不乏风趣诙谐。因此，"加里森"的名字深入上海人心。

之后的80年代初，虽然恢复高考，但招生人数少，且学生基础较差，不少考不上大学的中学毕业生就只能

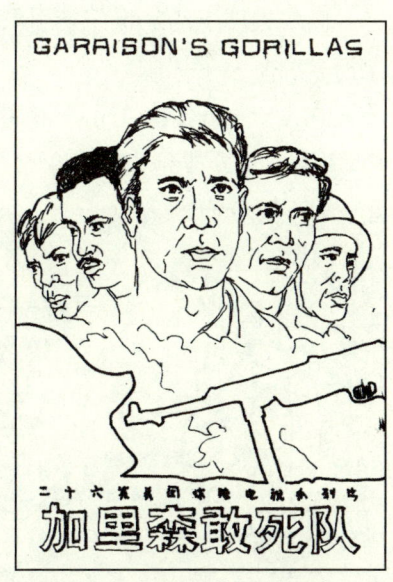

美国《加里森敢死队》电视片广告

呆在家里。于是,人们便用"加里森"谐音"家里蹲",讥讽未找到出路呆在家里的学生。为避免过于直白,"家里蹲"有时被写作"加里顿"。说"隔壁阿三还在上'家里蹲大学'",就是指他的邻居小孩没有考上大学。

也许是以讹传讹,也许是紧跟潮流,1993年后,人们也用当时的美国总统克林顿的名字,代替家里蹲,称之为"克林顿大学"。其内容所指也有变化。2007年出版的《上海话大词典》给出的解释是:"克林顿大学,对收钱后包发文凭不必上学的野鸡大学的戏称,谐音'家里蹲'。"

高尔夫

高尔夫是一种以棒击球入穴的球类运动,也叫高尔夫球,译自英语Golf。相传高尔夫球的发源地是苏格兰。当时,牧羊人经常用驱羊棍击石子,比赛击得远且准,这就是早期的高尔夫球运动。

高尔夫球于约20世纪初引入中国。中国最早的高尔夫球场,出现在上海。

咸丰十一年(1861),上海跑马总会低价强圈于今人民公园及人民广场的500余亩土地,建造跑马厅。在跑道中间尚有430亩土地,被上海运动事业基金董事会买下,建成为综合性的体育场,称"西侨公共体育场"。其间建有一片占地约300亩的9洞高尔夫球场。此外,民国三年(1914),太古、怡和、汇丰等在上海的八家洋行,各出官银,购买程家桥

中国古代《捶丸图》

西埭原来由英国侨民开设的"老裕泰"马房，改建为"虹桥高尔夫球场俱乐部"(The HungJao Golf Club)。这是上海第一家18洞的高尔夫球场。解放后，该球场改建为文化休息公园，1954年5月25日，公园定名"西郊公园"，就是现在的上海动物园。

其实，中国古代也有高尔夫球运动，称作"捶丸"。元代刊印的《丸经》，详细叙述了捶丸的方法、规则、球场道德、场地设备及器材用品的规格。和高尔夫比较，两者都有球洞、都用球杖击球，且所用的球杖基本相同，场地选择和要求也极为相似。甚至元代的《捶丸图》壁画、明代的《宣宗行乐图》，以及历年出土的捶丸实物，都能说明捶丸与现代的高尔夫运动有着一定的渊源关系。

搁落三姆

1935年6月出版的《上海俗语图说》形容那时审案子的情形说："捕房里派了办案的巡捕、包打听、三道头、捕房律师等搁落三姆一起上阵。"可以看出，搁落三姆的意思是全部、总共、统统包括。该词源自英语grosssum（总共）的音译。

搁落三姆经常和上海话中其他表示同样意思的词语：一塌刮子、亨八冷打、一共拢总、一道辣海等相提并论。也可能正是因为同类词很多的缘故，这个字面上看不出所以然的词语便被常常忽略了。说实话，现在用"搁落三姆"这个词的上海人并不多。但在2006年11月召开的"首届国际上海方言学术研讨会"上，审定出的一百多个上海方言用词中，却有它的身影。

2010年8月22日，《新民晚报》有一道考题："辪个人人头熟，兜得转来死，上司一发调头，伊就拿七撬八裂个事体搁落三姆一塌刮子侪烫平。"考的内容里，就有这个搁落三姆。应该意在忆逝钩沉吧。近期，又偶然看见有人在网络上介绍上海吃夜宵最佳去处时说："这里环境舒适，一直营业到凌晨4点钟。从他们的精酿啤酒菜单中挑一种,或者点杯奶昔,伴着食物搁落三姆一道下肚皮。"看来乡音难泯,上海方言香火不断。

卡普隆

卡普隆源自俄语капрон(锦纶),指一种以苯酚、苯胺或苯为主要原料制成的合成纤维或塑料等人造聚合物,属俄语音译词。英语叫做nylon(尼龙)。

在上海,最初一般在用作塑料时多称作尼龙,而在用作合成纤维时多称作锦纶,或作卡普隆。1957年,上海人陈云在中共八届三次会议上有个发言,讲到要解决国人穿衣问题时说:"卡普隆是很可以发展的一种。它的原料是煤炼成焦炭的副产品。卡普隆比棉纱坚牢,照理论计算,牢度比棉纱强五至十一倍。从使用寿命来说,如果生产三十万吨卡普隆,即相当于一百五十万吨棉纱,也就是三千万担棉花。"卡普隆由此传开。

1958年,上海纺织业响应国家大力发展化纤工业的战略决策,成立了上海合成纤维实验工厂。下设的五个研究组中,就有"卡普隆组"。卡普隆小组利用土设备,最终纺出了中国第一根合成纤维。1959年,利用卡普隆丝(锦纶丝)制作的渔网,还参加了国庆十周年成就展。后来因为政治的原因,卡普隆的叫法渐渐消失,改称锦纶或统称尼龙。

对上海人来说,比较熟悉的是20世纪60年代的"卡普隆袜子"。这种弹性好、薄而耐穿的尼龙袜,还有丰富的色彩和织花;虽说透气性差些,但比之前的布袜、线袜算是一个革命性的变化。

卡通/卡通片

卡通一词是由英语cartoon音译而来。cartoon本身具有多种含义在内,包括:漫画、戏仿、讽刺、动画、幽默以及用动画技术拍摄的虚构人物动态影像等。

卡通和卡通片，主要取其动画和漫画的含义，与现在已经广泛使用的"动漫"一词有相同的含义。即通过塑造某些虚拟或夸张的形象，来表达喜好、观念、哲理。其中卡通多指漫画的手法及漫画的形态；卡通片当然就是以卡通形象和形式拍摄成的影片。

卡通片《大闹天宫》中的画面

和大多数人把动漫与日式的漫画形象和动画影片联系在一起相同，早期上海话中的卡通和卡通片主要用来特指美国式的漫画形象和动画影片，如米老鼠的卡通形象、迪士尼的卡通片等。而中国本土的作品依然被称作漫画或动画片。

此外，上海人心目中的卡通人物也与漫画人物略有区别，后者是以真实人物为基调、通过夸张手法而形成的，而前者一般是指虚构的、现实中并不存在的人物。

卡车/卡

卡车译自英语car。属于音译加类名的外来语，在上海话中主要指载货汽车。1946年出版的《申报上海市民手册》中说："货运汽车俗称卡车。装货运客，亦以时间计算车价。据今秋统计，营业卡车行460家。"

其实，英语car的原意主要不是指运送货物的那种敞篷的货车。而是指在滚动轮子上的车辆、电梯厢以及飞艇或气球的轿厢。英语卡车一般用truck或者lorry，有篷布的卡车叫van。car是有单独轿厢的运输工

卡车

具。钱乃荣在《沪语盘点》中认为，卡车属于借词转义，"即在上海实际所指的事物和外国的事物并不完全相同。如'卡车'在英语中是指一般的车子和汽车，而在上海话里成了'载货汽车'"。

此外，离开这个"车"字，"卡"在上海人口中就成了一种表示机动车的后缀词，解释为车。如：摩托卡、吉普卡、三轮卡、十轮卡等。离原文car的意思似乎近了很多。

这里要特别加以区别的，是另一个卡——译自英语card的"卡"。虽然用的是同一个汉字，但card指的是卡片、卡纸、借书卡的卡。1983年8月22日，彭小明在《新民晚报》上撰文，说："上海人爱把硬纸片或通用凭证称作'卡'。这个'卡'字，原是英语硬纸片的意思。"

康白度

英语comprador（买办）的译音，也写作"康八度"。这是个当年专为上海的买办创造的英语词汇。

所谓买办，就是为洋人服务的中介或管事者、代理者。陈伯熙写的《上海轶事大观》中说："有一种系西文译音而来者，如谓电话曰得力风，谓买办曰康八度，均以西音入中语，此人所共知者，已几乎公认为通行之名词矣。"《官场现形记》第三十二回有段话："再不然，到上海洋行里做个康白度，一年赚上几千银子，看比在我这里当哨官强得多哩！"

旧时，充任康白度还是要办理一定手续的。2010年出版的《画说老上海》里介绍："首先要签署合同，规定执行业务的种类、权限和收益，以及应提供的保证品。保证品包括现金保证、财产保证、信用保证三种。其次要代表洋行深入内地，进行购销业务。……按规定康白度除了领取酬金外，每做成一笔生意都有佣金。薪金有限额而佣金无限额。"

这个有幸成为英语专造词的上海话，虽然依旧保存在《韦伯斯特英语词典》中，但上海人已不常用到它了。章太炎曾把当时的社会职业按道德水平分为十六种，最末一种就是康白度。在1949年以后相当长的一段时间内，为帝国主义、外国资本家办事的职业，更是变得十分羞耻，康白度也就渐渐淡出人们的视线，仅在描述历史的书籍中偶能见到。

康克令／康克令小姐

"康克令"是一种美国产的金笔的牌子，英语写作Conklin。而康克令小姐最早是指旧上海永安百货公司为康克令金笔专卖柜台，专门招聘的年轻女营业员。

先后于1917年和1918年在南京路落成的先施公司和永安公司，一直是上海大型百货商场的竞争对手。当时，先施公司为招徕顾客，率先破例雇用女性店员。永安公司效仿后，在一楼铺面商场文具部专门招聘了康克令小姐。这些年轻姑娘貌美娴雅，和蔼可亲，而且会讲英语，有着极好的导购形象和素质，广告效应明显。康克令金笔经她们之手变得非常热销。当时上海的一些报纸也曾因此有过专

康克令小姐和康克令牌香烟

门报道。

许多人专程前去永安公司的文具柜台,只为一睹佳人风采。连章太炎这样的学者文人,也为之频频光顾。《上海小姐》一书中说:"当时大马路上的百货公司,除了先施、永安、新新、大新四家之外,还有近外滩的福利公司、近四川路的罗惠公司,加上林林总总的专卖店,类似'康克令小姐'的女店员成百上千,形成了南京路上一道靓丽的风景线。"

那时康克令的名称是如此的吸引人,以至于上海华明烟草公司还专门出品了一款"康克令香烟"。

康密兴／克姆赏

说起市场经济,免不了会有佣金、小费、酬劳的概念。上海人称之为:辛苦钿、跑路钿、车马钿、脚步钿。这些词语望文生义,一看便懂。

康密兴来自英语commission(佣金),也译作"孔密兄"、"康密勋"。自20世纪二三十年代起,就流行于上海的买办、掮客、洋行或外国公司的雇员之间。这些人略通外语,替外国人打工、办事,为的就是赚取佣金赏钱。因此,这个commission使用频率高,记录方式也多。传说当年盛宣怀担任上海招商局"会办",就是以"官督商办"名义,从洋人那里购买大量的创办实业所需的设备、工具和原材料,并从中收取巨额康密兴因而致富的。康密兴就是今天的回扣和返利,是市场经济的一种表象,它的出现和流行,具有一定的历史意义。故此,现在的初中或高中历史课中,还会被提及。甚至2012年的高考题目中,也有康密兴一词的身影。

还有个与此接近的英语词:cumshaw(赏钱)常被音译为克姆赏、恰姆赏;就是小费的概念。一般用来打发车夫、帮工、跑堂、邮差等。小说《最后一辆电车》中描写:"下人帮他们脱大衣穿大衣,用笑脸求乞几个克姆赏。"

这两个英语词读音差不多,和上海话中的"脚步钿"也多少有点音义上的联系。因此,使用时往往会混淆。

康乐球/克朗棋

康乐球、克朗棋叫法不同,说得都是一种游戏。

在四周高起、四角有洞的方形木盘上,由游戏者轮流用杆通过击打一枚圆棋状的公用子,将其他棋子逐一击入洞内,先击完者为胜。和桌球有点相似,只是将球改成了扁圆的棋子,当然台盘也小了很多。

玩康乐球

20世纪60年代前,康乐球曾是上海非常盛行的娱乐活动。其源来各有分说:一说是译自英语crown。crown的解释之一就是"克朗",一种硬币,以硬币状的圆棋为子,可能就是叫克朗棋的原因。另一种说法是译自英语cornerball(角落球)。因为玩康乐球的难度,就在于击打圆洞挡住的那个方盘角落里的子。所以这种说法也有一定道理。还有一种说法,说是源自国外一种叫做"弹棋"的十分普及的游戏。英语叫做carom(撞击)。这是玩家在一个平滑的板子上,轮流用手指弹动各枚圆片状物件的桌上游戏。它与台球的差别在于所用的是不会滚动的圆片,与其他棋类游戏的差别在于是靠运动神经技巧,与康乐球有七八分相像。也许这才是康乐球来源的正解。

开普帽

开普帽一词源出英语cap(无檐帽),一种帽顶平且有帽舌的

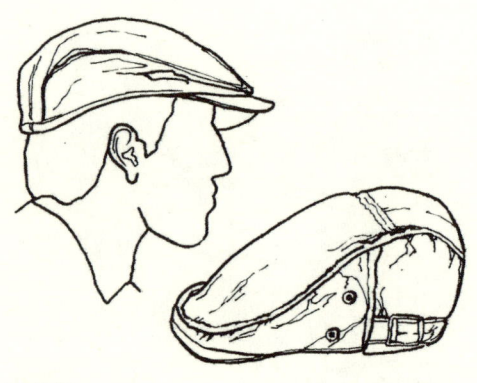

开普帽

帽子。

通常的开普帽,帽缘为两寸到四寸,宽窄也有所不同。帽檐上有扣子或扣钉,可与冒顶的前端扣在一起。开普帽的样式、材质可有很多变化,戴帽者的性别、年龄和职业也少有局限。

开普帽有许多别名,因其有扁如鸭舌的帽沿,故有称做鸭舌帽或鸭嘴帽的。开普帽最初是猎人打猎时戴的帽子,因此,也称狩猎帽。旧上海工厂做工的工人也喜欢戴这种帽子,上海人也管它叫工人帽。许多影视剧里旧上海的工人的形象就是戴着开普帽。"文革"时期,还叫过前进帽。此外,有时开普帽也被作为打手特务的穿戴标志。2014年,有部松风寒写的网络小说《民国土商》,里面便衣特务就是戴着开普帽:"保安队围住货车,车上的军人和便衣表现得却极为镇定。其中一个上穿短棉袄、头戴开普帽的便衣走下车来,将一张名片递了给李存正。"

可能正是因为这种广泛的适用性,和具有多样变化的特点,开普帽到现在仍是服饰界可以赋予各种创意的时尚元素,也被当作展示特殊风格的恰当道具。不管是米兰等各地的时装展,还是流行的影视演艺场所,总是能看到开普帽的存在。

铅皮拉客

20世纪末,上海进入又一个大发展时期。城市边缘建起许多新兴居住小区。由于公共交通一时跟不上,一种由助动车或摩托车违规改制的三轮载客车,便乘机穿行赢利。这种车辆并无专门的称谓。人们就根据其只用简易的铁皮（上海人叫铅皮）制作的特征，借用美国通用汽车公司生产的豪华轿车——凯迪拉克（Cadillac）的译音，戏谑称其为"铅皮拉客"。常为上海方言撰文的畸笔叟先生，2007年在他的新浪微博上发文说："窗外是个小小的十字路口，停着七八辆

铅皮拉客三轮摩托

'残的'——用铅皮封就的三轮摩托，所以当年我们曾戏称它为'铅皮拉客'。"

这种无牌无照的"铅皮拉客"，曾经在上海各处的城乡结合部盛行一时。虽然解决了部分交通出行困难，但因其稳定性很差，操作服务不规范，加上随时担心被交警执法扣押，上路之后事故频出，而且乘客的安全也毫无保障。因此不久就被取缔，渐渐消失了。

也有人顺便把更早时上海出现的、有营运牌照的三轮机动出租车，也叫做铅皮拉客。这应是一种误传。20世纪60年代前后，上海供普通百姓用的出租车，主要就是这种三轮机动车。坊间戏称"乌龟壳"或"癞蛤巴车"。当时大部分人并不知道凯迪拉克是为何物，因而谐其音产生的铅皮拉客也就无从谈起。

开发丝

汽车业发达的今天，如果你的车用轮胎长时间没换，表面纹路被磨平了之后，就会露出一种纤维状橡胶内衬。那个叫什么？老师傅会告诉你：那就叫"开发丝"。"开发丝也看得到了，轮胎哪能好再用下去？"

开发丝是英语canvas（粗帆布）的音译。Canvas的英语解释是：A strong, coarse unbleached cloth made from hemp, flax, cotton, or a similar yarn, used to make items such as sails and tents and as a surface for oil painting（一种用麻、棉或类似的纱线织成的粗糙而坚固的原色布料，用于制造船帆、帐篷或油画布）。但在上海话里，开发丝特指充气轮胎内，涂有橡胶的帆布。

早期的充气轮胎只用平纹帆布做轮胎胎体内的帘布。因为帆布的纵线和横线互相交叉，车辆行走时轮胎吃重变形，导致帘线的互相摩擦和受损。之后发明了斜纹纺织的开发丝，以及子午线轮胎，胎体帘线也不再仅仅用帆布，而扩展到尼龙、钢丝等其他纤维。开发丝也越来越少听到了。

K房／K姐

20世纪60年代，日本人称为Kara-oke（カラOK）的无人伴奏唱歌娱乐活动逐渐风行世界，之后传入中国，成为大家熟悉的"卡拉OK"。

时值中国改革开放，不像连WC（厕所）也要写作"达孛留西"的年代。人们已经能够接受在语言文字中直接使用外文字母。于是，在日语音译词"卡拉OK"的基础上，"K房"和"K姐"作为以字母代替原词词义，加上中文类名的外来语新品种，出现在上海人口中。

其中，K房是指卡拉OK歌厅。这种用事先录下的电子音乐作为伴奏的自娱自乐活动，有时对规模、场地、设备的要求并不很高。特别是在那些以提供侍陪服务为主的地方，一般一个小单间就可以招徕顾客。至于K姐，那就是专指K房里的坐台小姐。因此，最早K房和K姐多指那些不太正规的娱乐场所。两个词语也多是比较时髦、略显另类和偏流的青年人的用词。之后才逐渐扩展至更广的范围。

开司/打开司

中国传统中,对男女间爱恋、亲昵行为的表述、描写,一直是相当保守的。就算像上海这样比较开放的城市,也鲜用接吻、亲嘴之类的直白词汇,而代之以"香面孔"、"对口型"等相对隐晦的说法。

开司和打开司都从英语词kiss(接吻)而来。一个是纯音译,一个是音译加汉字的动作说明。就是吻或接吻的意思。是以中西合璧的方法,表示恋人间的亲密行为。既避免因低俗而悖理,又显得洋气浪漫。

1888年的刻本《伦敦竹枝词》,载有"上海四书家"之一张祖翼写的诙谐小诗:"握手相逢姑莫林,喃喃私语怕人听。订期后会郎休误,临别开司剧有声。"注云:"姑莫林译言早上好也。开司译言接吻也。"把英语译音入诗,描写一对爱侣之幽会,情趣盎然,别开生面。2011年12月,"乐龄网"上有个署名"黄驹过隙"的,写了一篇《话说"洋泾浜"》说:上海人"若是在谈论某对情侣间的亲昵举止时,更会绘声绘色地说:啊哟,我讲把侬听呀,昨日夜里我在楼梯口看到伊拉在打开司,嘻嘻,开司即英语kiss"。

可见,这个开司,在上海已经打了一百多年了。

开司米

它的原文是英语Kashmir,就是克什米尔地名的音译。所以,开司米其实应该算是"克什米尔"的另一种译法。

克什米尔地处南亚次大陆北部山区。用克

克什米尔羊和开司米

什米尔山羊绒织成的细绒线,以及用它制成的衣物,在世界上都非常出名。这在上海人嘴里,就变成了"开司米"。

在相当长的历史时期里,能穿开司米的上海人,绝对是小康人家出身。后来,开司米也泛指细软的优质羊毛绒线和织品,产地并非都真正来自克什米尔地区。甚至品质也不再是纯粹的羊毛。于是开司米便专指细毛线,与克什米尔这个地区名称正式相分离了。

除了这个正解,现在在上海青年人中,也有人把"开司米"还原成英语kiss me的,就是隐讳地表示"吻我"的意思。2013年8月,赵宏涛在微博上发表《开司米与买毛衣》一文,说七夕节送老婆玫瑰后,"她非常惊喜地说:'就知道买玫瑰,就不知道开司米'!'买毛衣?现在是三伏天,你要什么毛衣?'老婆听后哈哈大笑:'你可真弱智,开司米(kiss me)不是买毛衣啊!'"外来语真的可以时不时给生活带来一些小幽默。

开麦拉

开麦拉源自英语camera(照相机)的音译,至今都是人们对照相机的时髦称呼。

然而,开麦拉在旧上海却主要是指电影摄影机。1935年9月10日的上海《大晚报》,在以《世界的耳与目》为标题的新闻电影片评论时,写道:"开末拉、斐膜、映片机、银幕,联合起来在新世纪里雄踞了时事报告的宝座。"这里的"开末

开麦拉

拉"就是"开麦拉",指的是电影摄影机。

此外,开麦拉在电影导演口中,往往还有开机、开拍的意思。《上海野史》中,对阮玲玉第一次拍电影的情况,有这样一段描写:"导演大喊一声'开灯'!顿时,十几盏炭精灯一块儿亮了起来,把摄影棚照得如同白昼。在摄影师摆准镜头后,导演又猛喝一声'开麦拉'!"上海作家王安忆在她沪上风味十足的小说《长恨歌》里,也有一段描写电影拍摄时的状况:"片厂里闹哄哄的,货码头似的,'开麦拉'、'OK'的叫声此起彼伏。"这里的开麦拉都是开始摄影的号令。

开伦

桌球的一种,英语原文是:Carom billiards,即开伦式桌球,也可译作无袋桌球,简称作"开伦"。

开伦起源于法国,所以又被称为法式桌球。后来又在日本盛行起来,所以,也有"日本撞击式桌球"之称。开伦式桌球是国际大赛项目之一。

开伦式桌球所用的球桌没有球袋,以球杆击球而得分。开伦式球台要比落袋式桌球桌面小,但球的体积要大些。2013年9月15日,郑菁深在《新民晚报》上发表《从前打落袋》一文,介绍开伦的打法:"台面上两颗白弹、一颗红弹,白弹是主打弹,……白弹碰红弹又碰白弹,叫开伦,得2分。"

开伦(carom)的原意是"撞击",在描述某项游戏时,也被译作"弹棋"。这应该就是流行上海的"康乐球"的发端。同一个词,翻译成"开伦"或"康乐(球)",便会有不同的所指。这也是方言翻译有无序和随意成份的证明。

拷贝

原样复制,就叫拷贝,来自英语copy(副本)。

这个最早上海人用得较多的词汇，现在已经推广到全国，并且不断被赋予新的内涵了。

拷贝起初有两个用法：一是作名词，意为复本、摹本，还特指电影影片摄制完成后，从底片洗印出来供放映的正片，就是物象的明暗和实物实景一致的那种胶片。巴金在《随想录·再谈〈望乡〉》中说道："我们最初就是根据这个拷贝放映的。"

另一个是用作动词，意为翻印、复制。两个用法放在一个句子里，就是这样的："这份拷贝帮我再去拷贝一份。"有一个曾经很流行的益智游戏叫做"拷贝不走样"。这里的拷贝既可以认作名词，也可以认作动词。

拷贝一词，业已收入《现代汉语词典》，而且它还在使用中被不断增加内涵、扩大范围。有拷贝台（制作漫画、动画时的专业工具）、拷贝纸（是用于增值税票，礼品内包装的专用纸）、拷贝数（生物基因学的术语）、硬拷贝（内容经由打印机输出成为有形的资料）、软拷贝（存在记忆体里或仅仅显示在荧幕上的资料）等。

拷机

随着电信科技的进步，20世纪90年代，一种便携式寻呼机曾风靡全国。人们口袋里、裤腰间、甚至手腕上，都会突然嘀嘀嘟嘟传来信息。上海人不在乎英语国家给予的Pagers（寻呼机）或beeper（蜂鸣器）等名称，单单借用call（呼叫）这个词，音译加汉语定义，就变成了"拷机"。因此，拷机就

拷机

是寻呼机，也叫BP机、呼机。

拷机是接收寻呼台无线呼叫信号的个人信息终端，由于不具备发射功能，所以寻呼机是单向的接收器。拷机开始只能传送字母和号码，之后扩展到简单的短语。都需要通过拷机专设的电讯服务台进行转达。手边没有电话是办不到的。收到拷机呼叫后，除非是不用答复的指令、通知等简单信息，一般还是要设法通过电话予以回复。

这种拷机和与之配套的无线寻呼网络，于20世纪80年代初在中国出现，经过十多年的发展，于90年代末期达到了顶峰。1998年，中国寻呼机用户名列世界第一。之后，手机开始逐步普及。用手机联络自然比拷机要方便许多。于是，让这个昙花一现的时尚，快速退出了历史舞台。

现在拷机一词还存在，不过含义大变。特指测试新买的电脑，好像有拷问、核实这架机子的意思。行业术语也称"烧机"。因此，现在的拷机，既非外语读音，也和上海话中的那个曾经的外来语所代表的物件风马牛不相干了。

克付

英语cuff，就是袖口的意思。按其读音翻译到上海话变成"克付"，便不再统指袖口，而专指衣服上收拢、扣紧服装开口处的那个部分，包括袖口、上衣下摆和裤脚口。按照服装专业词语的解释，克付通常指上衣、衬衫袖口上的镶边，有时甚至也指裤口的镶边。一般在成衣铺、裁缝店使用较多。

一个著名品牌的服装，有段在其官方网站上的广告介绍说："系列衬衫都设计标志性的锁链领针，搭配窄门襟窄克付以及装饰扣，袖克付细节设计统一撞布。"可见，克付在服装设计上既十分重要，也样式众多。

在英语中，也有许多关于克付的专用名词。如：Frenchcuff（法式双层袖克夫）、Attachcuff（绱袖级附加袖克付）、Circularcuff（喇叭形紧口克付)、Fitcuff（经典飞度袖）等。当然还有时下白领比较多用的Cuffinks（袖扣）。

不少地方把克付写作"克夫"。因为命相学中专有"克夫"一说，为避免相混和误会，笔者倾向于借"付"字注音为妥。

克罗克

眼镜的玻璃镜片分为两类：一种是无色镜片，另一种是有色镜片；其中，有色镜片又分为克罗克塞片、克罗克斯片和变色片。

克罗克是克罗克塞片和克罗克斯片的统称，也叫做"克斯片"、"克赛片"等，是英国人威廉·克罗克斯（William Crookes）于1914年研制成功的一种镜片，英语叫做Crookes glass。克罗克是其音译。克罗克镜片是在白托镜片材料中添加少量氧化铈和氧化铵等稀土氧化物。这样，镜片就具有双色效应，在日光下呈淡蓝色，在白炽灯下呈淡红色，可吸收部分紫外线及红外线。宜于配制常在室外戴用的近视眼镜。

在20世纪20年代中期，克罗克眼镜曾是沪上时髦打扮和做派的象征。刘声木发表于1929年的《苌楚斋随笔》中记载："迨至十余年，约在乙丑、丙寅之间，以用三克为时髦，谓之三克主义。——目戴克罗克，外国一种眼镜玻璃片名，译音如此；手拿司的克，西人抒手棒；口衔茄力克，乃西洋一种烟卷名，亦译音大致如此也。"

之后新型光学材料叠现，镜片多采用光学塑料、树脂片、塑胶片，克罗克镜片的使用便日渐减少。偶尔可以在描述历史的作品中再见。2007年一篇网络小说《情动京华》有句对白："真有你的，匆匆

威廉·克罗克斯

一瞥间,还能注意到他戴的是克罗克斯的眼镜。"

在上海话中还有另一个"克罗克",那是从英语cricket翻译过来的,意思是板球。因为板球运动在中国并不普及,因此,这个克罗克流传也不广泛。

克罗米/臬格尔

克罗米和臬格尔,分别是英文chromium(铬)和nickel(镍)的音译,表示镀铬或镍的、含铬或镍的合金钢,也指在金属制品的外表面,经过银白色的铬、镍元素电镀后,产生的耀眼的效果。

由于在常温下,镍不会与空气里的氧起化学反应,所以这种克罗米金属制品不会生锈。在装饰材料和器物的防锈工艺都不太发达的年代,镀铬之后闪闪发光的东西,都是富丽堂皇、高端大气上档次的标志。克罗米嵌条、克罗米边饰、克罗米椅子乃至克罗米钢管都非常夺人眼球。

2013年3月13日《新民晚报》有篇署名翁治方的文章,题目叫做《"烂铅皮"冒充"克罗米"》,说沪语里有句嘲弄人的话,叫做"烂铅皮冒充克罗米"意思是讲明明一块不上台面的烂铅皮,却装模作样,去冒充弹眼落睛的克罗米。

2005年,第一款网络游戏《魔兽世界》登录中国大陆。里面那个通常化身为女性侏儒以牧师装束出现的角色叫Chromie,中文也翻译为"克罗米"。此消彼长,也许今后人们对克罗米的理解,很可能就会和魔兽世界和网络游戏相关联了。

克腊/克拉斯

克腊也被写作"克拉"、"卡拉"、"克勒",是流行时间较久的上海俗语。

因为义有相通,克腊经常和"克拉斯"、"老克腊"等词汇一起谈论,有时也会相混。或者把克腊与钻石的重量单位"克拉"(carat)相关联,或者说克腊就是早期所称的克拉斯,认为两者同出一源。2009年7月12日,当时《上海文化》的主编吴亮,在参加《新民晚报》组织的一次有关上海方言的讨论中另持一种观点,说:"根据考证,'克腊'来源于英语clerk,指银行职员"。各说各理,莫衷一是。

笔者还是采用大多数人认同的观点,即:克腊出自英语color(颜色)一词,意为好看、时尚、色彩亮丽。使用时可以形容人,"迪个人蛮克腊格"(这个人蛮出彩的),也可以说衣着、物品,"侬墙壁浪幅画邪气克腊!"(你墙上那幅画非常好看)。

而克拉斯则出自英语class(品质),表示高档次、有内涵。有从表象深入内质的含义。例如,说一只皮包克腊,是指那只包漂亮。说包的克拉斯足,那就有品质好、品位高的意思了。也有人把克拉斯(class)理解为学识、学业,于是就有"混克拉斯"的说法。指学生在学校混日子,不求上进。

嘎斯

英语gas(气)的音译,也写作"戤司",普通话译作"瓦斯"。

上海话"嘎斯"通常作煤气解。指一种由煤、焦炭、半焦等固体燃料和重油等液体燃料,经过干馏或气化等过程所得气体产物。煤气从字面意思上讲,是与煤有关的气体。但按不同的使用环境和不同的生成方式,煤气具有不同的解释。

20世纪二三十年代,嘎斯主要作为工业燃料传入上海,同时也通过各种渠道传到中国其他地方。嘎斯或瓦斯的定义相当广泛。如叫煤气罐为"嘎斯罐",叫毒气弹为"嘎斯弹"。另外北方还有一种"嘎斯灯",那是用电石作原料,用水作催化剂生成可燃气体的一种照明装置。

差不多1949年之后,上海人便不再把煤气称作"嘎斯"了。因为到了20世纪50年代,有另一种"嘎斯"从北方传来。这次是译自俄语的газ,是对前苏联"高尔基"汽车厂生产的汽车的称呼。字面上没有差别,意思所指已大相径庭。俄语газ和英语gas的读音、释义都一样,可能是嘎斯曾经作为汽车动力源的缘故,"气(汽)"和"车"就这样联系起来了。很长一段时间里,"嘎斯车"作为前苏联和俄国的汽车品牌,给上海人留下了深刻印象。

嘎斯车

茄门

"茄"上海话读若"嘎"。茄门也可以说成"茄门相",意思是对某人表示冷淡、厌恶,或对某事不感兴趣。

普遍认为,该词的出典是英语German(德国的)。原因是1917年出版的姚公鹤《上海闲话》里那么说过。鲁迅先生在《二心集·风马牛》中也把德国话说成"茄门话"。加之认为在旧上海的德国人孤傲冷漠,德国货也价格昂贵。于是,茄门就成为反感、回避、扫兴的代名词。

上海作家刘业雄说:"茄门意为冷淡、懒得理睬、不感兴趣。上上个世纪,到上海来的冒险家们里,就数德国人最傲慢。他们的神气活现使上海人对他们非常感冒。"2004年10月27日《新民晚报》刊登盛济民的文章《茄门》,从家具的"茄门式",到商品的"茄门货",到经商思维的"茄门头脑",详细铺陈了这个"德国的"对上海话的影响。此外,上海人以为灯笼辣椒最早是从德国引进的,因此也称其为茄门辣椒。有句上海熟语"落苏缠了茄门里",意思就是茄子辣椒分不清。

但上海话中的"茄门"和英语German的首个音节相去太远了,其间的关联总不免让人心存疑窦。

加仑/夸脱/盎司/品脱

加仑、夸脱、盎司、品脱分别译自英语gallon、quart、ounce、pint,都是上海人曾经熟悉的英美制的容量单位或兼作容量单位的音译词。

它们之间的关系大致是:1加仑=4夸脱,1夸脱=40液盎司(英制)或32液盎司(美制)=2品脱=1/4加仑,1品脱=20液盎司(英制)=16液盎司(美制)=1/2夸脱=1/8加仑。

它们与公制单位的关系大致是:1加仑=4092毫升(英制)或3412毫升(美制),1夸脱=15225毫升(英制)或352946毫升(美制),1盎司=41毫升(英制)57毫升(美制),1品脱==26125毫升(英制)或176473毫升(美制)。

其中,加仑在20世纪90年代后的上海话中,又有一重新的含义。指一种一加仑(大约两千克左右)简易包装的冰淇淋。早年上海的冷饮品种比较简单,冰淇淋称为"冰砖"。分为小冰砖、中冰砖、大冰砖和简装冰砖。供一人或多人一次食用。90年代家庭冰箱普及,更大包装的冰淇淋可放在家里慢慢品尝,于是"加仑"应运而生。之后,巧克力加仑、各种果味加仑便大行其道。量词便成了名词。

夸脱主要在英国、美国及爱尔兰使用。和具象的食物相联,便成为一种历史记忆。2013年10月23日《新民晚报》上一篇叫《淮海路的老店铺》的短文写道:"记得小时候,母亲带我去'荣丰'买八角钱一夸脱的白塔牌白脱油。"那夸脱即和白脱油联系在了一起。

盎司主要是国际上通用的黄金计量单位，即金衡盎司，但也曾作为酒和咖啡的液量单位。所以也和其他容量单位有换算。如何把玩盎司杯，是善于调酒的上海老克腊们值得显摆的小技巧。

"品脱"在英国只用作表示啤酒和牛奶的容量。在上海话中，见诸书面多于听诸口头。

茄力克

清末民初在上海流行的一个英国香烟品牌。英语是Garrick，上海话翻译过来就叫做"茄力克"。

当时有个说法，叫做"三克主义"：鼻子上架的克罗克（眼镜），手拿司的克（手杖），口衔茄力克（香烟）。时髦青年，这一套装备，是必备的。

那个茄力克是最高级的香烟，当时的上海、天津等地都不生产，从英国直接进口，50支听装，一块银元一听，专供达官贵人豪富吸食。为了迎合顾客心理，茄力克都印有金色标志。

在中国终结茄力克王牌地位的，是云南纸烟厂制作的"云烟"。20世纪50年代，中国大跃进提出超英赶美的口号。云南纸烟厂便把眼睛瞄向英国王牌卷烟茄克力，决心创出一种比茄克力更好的烟来。于是，烟厂专门买来了英国生产的茄力克香烟，召集厂内技术骨干来研究。经过上百个方案的试验，终于在1958年7月，创出了"云烟"品牌。无论在色、香、味上，还是在烟支外观、包装质量上，"云烟"都达到或超过了茄力克的水平，成为全国首创使用单一云南烟叶配方制造的甲级香烟。实现了香烟制作大跃进的梦想。

陪他

英语guitar，大都依其读音翻译成"吉他"。就是指那个形状与提琴

隁他

相似、六条弦的弹拨乐器。但在上海人口中,它的第一个音节从来不念"吉",而念作"隁"(拼音近gai)。吉他是个舶来品,"隁他"也绝对是个外来语。其源来何处?上海人是怎么从"吉"字发出"隁"音的?

吉他创自古埃及和西班牙,欧洲文艺复兴时期开始盛行。文艺复兴的发源地是意大利;而吉他的意大利语叫做"chitarra",读音就是"隁他"。纵观吉他的发展历史,意大利无疑是其重要驿站。意大利享誉全球的著名作曲家、小提琴家尼科洛·帕格尼尼,同时也是吉他的作曲家和演奏家。此外,还有9岁神童朱利欧·雷康第、《吉他教本》作者马泰奥·卡尔卡西等一大批意大利演奏家,名垂吉他发展史。

意大利的"隁他"引入上海,应该还有个中间桥梁,那就是日本。19世纪中下叶,是意大利吉他艺术家迭出的年代,也正是日本明治维新时期。大量西方科技、文化传入日本。这时日本新造的词语吉他"ギター",就按照意大利语的发音,也读作"隁他"。日本也曾是中国接受西方文化的中转站。因此上海话的"隁他",应该是从意大利或日本翻译过来的。"吉他"则应是汉语北方话或普通话的注音。

隁斯林 / 凯司令

有一个大多数上海年轻人已经不太熟悉的上海话外来语:"隁斯林",那是从英语Gasoline(汽油)翻过来的音译词。

中国最早使用的油品除了食用,就是点灯。作为动力原料,是20世纪20年代后,随着发动机、汽车,和"透平"、"引擎"等一起从外国引进的。但是隑斯林用的时间不长,之后就被汽油一词替代了。

倒是另一个发音类似的名词——凯司令,一直使用到现在。关于"凯司令"的名称来源,也有许多传说。笔者以为比较靠谱的,是"起士林影响说"。

清朝末期的1908年,由德国人阿尔伯特·起士林(Albert Kissling)在天津开办了一家"起士林"西餐店。之后的1928年,起士林的一号西崽来到上海,也开了一家西式酒吧。为避免直接仿冒名牌,借用德语käse(奶酪)的读音,取名为"凯司令"(英语:Kais ling)。这一说法得到晚清秀才、鸳蝴派作家包天笑自传《钏影楼回忆录续编》的印证,张爱玲小说《色戒》中也有提到。

开办的第二年,凯司令便由八位中国西点师盘下,改营西菜西点、咖啡饮料。那是当年静安寺路上唯一由中国人经营的西菜馆。凯司令也成为上海第一个中国人自己创立的西点品牌。不过,当年因为"起士林"和"凯司令"的招牌过于接近,还是发生了天津起士林状告凯司令仿冒招牌的诉讼官司。结果是凯司令胜诉。胜诉的理由,也就是日后传出的许多关于"凯司令"的名称来源的其它故事。

掼奶油

上海话中不多的意译外来语之一,英语为whipped cream,法语为crème fouettée。英语whip和法语fouettée用在这里都作"搅打"、"掼打"讲,也就是上海话"掼"的意思。

掼奶油是以新鲜稀奶油为原料,经陈化,掼打起泡制成。就是将液态的奶油不停地搅拌,直到被打成蓬松的半液态软胶状。这时,因为奶油中含有超过30%的脂肪在搅拌过程中与空气混和,体积膨胀,形成一种口感松软、醇厚的乳制品。因此也被称作生奶油、发泡鲜奶油、搅打稀奶油等等。

掼奶油可用于制造冰淇淋、面包、蛋糕、色拉、汽水等。《21世纪大英汉词典》介绍掼奶油的例句就是："He topped the cake with whipped cream（他在蛋糕上裱了掼奶油）。"

而上海人则更喜欢把掼奶油装入小纸杯中直接食用。当年，牛奶棚和凯司令的掼奶油，曾经是许多老上海挥之不去的深刻记忆。2014年6月6日麦米网上有一篇叫做《掼奶油蝴蝶酥，老上海的风味甜点》的文章，讲道："在上海很多西式面包房的冰箱里，你时常能发现盛在小杯的掼奶油。"在20世纪80年代甚至更早，许多外埠来沪的客人，也以品尝上海特有的掼奶油为乐事。

轧别丁

轧别丁是华达呢的别称，英语gabardine的音译。指一种用精梳毛纱织制、有一定防水性的紧密斜纹毛织物。这种织物呢面平整光洁，斜纹纹路清晰细致，手感挺刮结实，色泽柔和，多为素色。适宜做雨衣、风衣、制服和便装等。

抗战胜利后，大量进口毛料来沪倾销。它们的外文称呼也一并进入。其中就有华达呢、轧别丁。1959年，上海人们评弹团演出的中篇评弹《江南春潮》里，形容着装时还有提到："李工程师身上穿的是一套轧别丁米色西装。"但现在很少有人用轧别丁来称呼华达呢了。

巴宝莉的标识

其实，轧别丁在历史上还有另一段传说。这种组织结实、防水透气的斜纹布料，是1879年，由英国人托马斯·博柏利（Thomas Burberry）研发而成的，博柏利为其取名轧别丁。这种实用耐穿的防水大衣很快就被英国机师及军队广泛使用。之后，博柏利在风衣等制衣领域不断创新，多有成就，以致被英王爱德华七世赐名用研发者的名字Burberry作为其服装品牌。今天英国所谓国宝级品牌BURBERRY（"巴宝莉"或"博柏利"）便起始于那件叫"轧别丁"的雨衣。

众生

《现代汉语大词典》对"众生"的解释有四：泛指人和一切动物，泛指百姓或世人，指人以外的各种动物，詈词。上海话里通常只有那最后一个意思，就是骂人时用，意同"畜牲"，也写作"众牲"。

众生原是佛教的术语，从梵语bahu-jana而来。梵语众生的含义繁多且深奥。但bahu-jana读若"白呼杰那"（一说读若"仆呼那"）。英语众生为all living creatures或sentient beings。都与上海话"众生"一词的读音相去甚远。

查编撰于清末民初的《清稗类钞》说："众生，犹言禽兽也，假借为骂人之名词。沪上英文教习于英文中之十Animal辄译之曰众生。"就是说，上海话"众生"，是由所谓"十动物"之说而来的。因此，众生应该是个意译词。《清稗类钞》的编者徐珂，是沪上老报人，商务印书馆大杂家，素稔吴侬软语，其言可笃信。

那"众生"代表"十动物"又是从何说起呢？据说佛陀留给末法时代众生的一部殊胜佛经，叫做《佛说长寿灭罪护诸童子陀罗尼经》，里面提到："食啖一切众生十种身肉，文殊当知，如杀父母，如食大亲，或因杀命，而复伤胎，为是事故，现世短命。"除列十动物外，这种形容罪恶的程度，和上海人用"众生"骂人时所表现的憎恶，几近一辙。其间有否关联,可见仁见智。

差头

差头也写作"叉头",说是英语charter(包租)的音译词。其实美国人说charter要比英国人的习惯发音更接近上海话的"差头"。在上海话里,"差头"就是"出租车"的意思。与此相关的词语还有:差头费,差头票,差头司机,乘差头,拉差头等等。

还有另一种解释,说在上海方言中,常把出门办事叫"出差",而出租汽车则是将乘客一差一差(即一次一次)地送到目的地。旧上海名气很响的祥生公司的全称,就叫"祥生出差汽车公司"。直到1940年代,出租汽车民间还是称为"出差汽车"。沪语专家钱乃荣先生在《上海方言中的外来语》中写道:"上海第一家出租汽车公司——祥生汽车公司,在1910年刚开张时,只有一辆汽车供包租。租出去一次,就叫'一差',一天出差(租)三次就是做了'三差'"。同时,上海人常以"头"指人,租车行业的业内人士把客户称作"客头","差头"一词便由此产生。这种说法看上去和charter,和外来语没什么关系。

车胎

译自英语tire,也叫轮胎,属于音译加类名的翻译,指在各种车辆或机械上装配的接地滚动的圆环形弹性橡胶制品。

车胎是汽车的重要部件之一,它直接与路面接触,和汽车悬架共同来缓和汽车行驶时所受到的冲击,保证汽车有良好的乘座舒适性和行驶平顺性。

早期的车辆使用木制或铁制的车轮,汽车的悬架结构也不完善,再加上路面行驶条件不好,尽管汽车行驶速度不高,但还是颠簸得厉害。第一个空心轮子是1845年英国人罗伯特·汤姆逊发明的,他提出用压缩空气充入弹性囊，以缓和运动时的振动与冲击。1888年约翰·邓禄普制成了橡胶空心轮胎，随后托马斯又制造了带有气门开关的橡胶空心轮胎。1895年随着汽车的出现，充气轮胎得到广泛的发展。

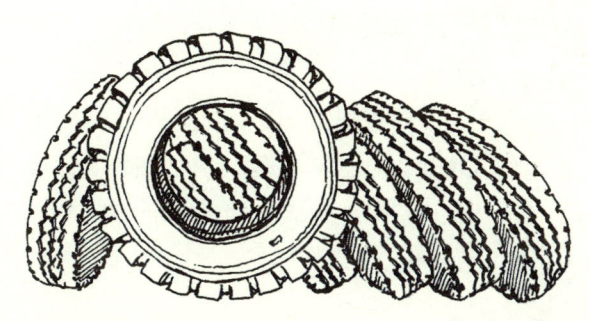

车胎

借用汉字为外语注音，进而变身成为外来音译词，有贴切巧用、合韵传神的例子，也有只顾一头，然后生出许多意料之外的事端的例子。用"胎"为tire注音应该属于后者。曾经有张街边小摊的广告，上书："吃饭补胎"，义歧至甚，结果成为笑料。

酒吧/吧密斯/咖吧

英语中的bar，是指西餐馆或西式旅馆中卖酒的柜台，也指售酒、饮酒的酒肆。传到上海话里，就叫做酒吧、酒吧间、酒排间。算是标出词义的音译。酒吧一词早已收入《现代汉语词典》，不再局限上海一隅使用。

至于"吧密斯"，指酒吧女郎，据说是Barmiss的音译。但英语的酒吧女招待叫Waitress，是否属生造的"洋泾浜英语"，值得怀疑。然而据2003年出版的《上海话流行语》记载，在20世纪80年代后期，上海的市中、市西和西南酒吧较集中的地区，确多有人使用。吧密斯除了指女招待外，还泛指酒品推销女、陪酒女等出没酒吧的女服务生。

此外，2006年出版的《上海街头弄堂》一书中说，旧时上海"酒吧间雇有伴酒伴舞的女人，称为'吧娘'。'吧娘'中外国籍都有。1932年政府正俗科登记的'吧娘',就有1153人。吧密斯是不是由吧娘衍变而来,不得而知。

英语有"咖啡吧"一说,就是coffeebar。但被简称为"咖吧",只有在上海人嘴里。2008年左右,《开心茶馆》等滑稽连续剧在上海电视台的黄金档播出后,"咖吧"一词便更加不胫而走。

警察

警察是从日语お巡りさん(警察官)引入的。

"民主与法制网"和公安部门的教材都显示,中文"警察"一词出现在1912年。孙中山组建中华民国临时政府后,拟将原来的巡捕、巡警按先进国家的模式,改制为警察制度。后因袁世凯篡权,中国警察制度的建立,便是在袁世凯统治下完成的。

其实,中国出现和使用"警察"一词,最早是在上海。

旧上海公共租界巡捕房

1855年,上海英租界组建了Shanghai Police Station,就是上海警察局。但当时汉语中并无"警察"一词,而清代北京设有一个主要负责京畿治安和保卫的"巡捕营"。于是,Police Station被汉译为"巡捕房",Police则被译为"巡捕",而不叫做警察。

1901年,清廷下令各地创办巡警。1904年,上海遵照清廷旨意,仿造日本警察制度,率先成立上海警察学堂,首次正式使用"警察"一词。上海警察学堂的第一期学生,从上海保甲局和抚标营中挑选。次年,即将原来的上海保甲局改成了"上海警察总局"。虽然此时上海租界内的警察仍被叫做巡捕,但华界已经开始称警察。比南京临时政府时期的全国范围改制,早了近十年。

吉普卡

也称"吉普"、"吉普车",英语Jeep car两个词复加在一起的音译。

吉普卡

Jeep一词的来历已不可考了,但吉普卡却是产生于第二次世界大战期间。

1938年初期,欧洲战火开始蔓延。美国陆军总部就开始征询建造一款轻型侦察车款,以便取代用来传递军情与负责先遣侦查任务的传统军用三人座摩托车。1940年夏季,美国军方对外表达较为具体的制造想法,希望是一款轻量化、好操作、耐用度高、可信赖及灵活的车型,同时又须符合军方所要求的规格。最后,1941年7月,美国军方与位于俄亥俄州Toledo的Willys-Overland车厂,签订了制造其设计中标的那款小型越野车。自此,首次挂上Jeep品牌的车辆正式服役。吉普卡也从此开始拓展汽车市场领域。在整个二次大战期间,约有六十万部的吉普卡加入作战行列。

1950年出版反映上海民俗情况的《杂格咙咚集》,有提到这个吉普卡:"迭个赤佬勿要是神经病?倘然搭吉普卡香起鼻头来末倒霉哉!"说明战争结束后,留在上海等中国各地的美国军用吉普卡,开始应用在日常工作和生活中。

杰母

杰母

杰母就是果酱，从英语jam（果酱）翻译而来，也写作"健姆"。jam一词源自英国古代方言中的cham，它的意思是"咕唧咕唧地嚼"。现在，jam依然也有碾碎、填满的意思。

果酱是把水果、糖及酸度调节剂混合后，用超过100℃温度熬制而成的凝胶物质。这也是长时间保存水果的一种方法。据传，在公元前320年左右，著名的亚历山大东征，攻打印度，把珍贵的砂糖带回了欧洲，才开始制作果酱。之后，十字军远征东方，带回了大量的砂糖，果酱才慢慢普及起来。

这种洋人习惯于涂抹在面包或吐司上吃的食品，对上海人来说，最早也是舶来之物。1928年，上海老报人陈辅相出版了记录上海各方面社会生活情况的《老上海三十年见闻录》，其中就有他对这种稀罕称之为"健姆"的洋食品的品尝体验："以杏梅为最，次之者薄荷，又次之者佛手，若玫瑰则下乘禅矣。"1986年出版的《方言与中国文化》也将"杰母"作为上海话的外来语。其实上海人很早就不再用杰母一词了，而代之以果子酱或果酱。

起司

即奶酪，是英语cheese的音译，也写作忌司、起士。

起司是牛奶经浓缩、发酵而成的奶制品。它基本上排除了鲜奶中大量的水分，保留了其中营养价值极高的精华部分，含有大量的蛋白质、钙、磷等人体所需的营养素。起司通常是以牛奶为原料制作的，但是也有用山羊、绵羊奶或水牛奶做的起司。北方人称之为奶酪、乳酪、干酪，这些名称和外来语关系不大。广东人按照粤语发音，将cheese译作"芝士"。而上海人则称之为起司，现在还在食品名称中大量应用。如起司面包、起司饼干、起司夹心等。

上海人喜欢讲究品牌。凯司令的起司蛋糕，新利查起司烙小牛肉，锦江饭店和红房子的起司烙蟹斗，天鹅阁的起司焗鲑鱼以及意大利起司通心面，都是老上海食客们津津乐道的名店名菜。2014年10月，有花边新闻说美国总统奥巴马在纽约曼哈顿下城区饭店消费刷卡遭拒。当时他所点的那份配欧芹酱（salsa verde）的意大利起司面（Italian cheese macaroni），不知和上海天鹅阁西餐馆这款由碎奶酪、黑胡椒、橄榄油组合的意式风味面是不是一回事？

枪势/混枪势

枪势原为英语chance（机会）的音译，最初是桌球、康乐球等球类活动的术语，指球桌上母球与子球的分布和排列，给了击球者进球的机会和运气。在击球前观察球的位置，以便寻求更好的击球方式，称作"看枪势"。

在用于日常口语时，枪势表示样子、架势、气势，因此也被写作"腔势"。说"这家店，里里外外枪势很浓"，即是说这家店铺的装饰、摆设、陈列富丽堂皇，吸人眼球。

至于"混枪势"，有说来源于球场上使用的英语"only one chance（只有一次机会）"，也有说是源自英语熟语"take a chance（碰运气）"，或者干脆把它归入音意混译的外来语。朱大可先生在网文上说：

"'混枪势'就是'混chance',由混机会引申为浑水摸鱼。"不论源出于何,在上海话中,混枪势就表示不求上进,随便马虎,办事不认真,蒙混过关。《寻找上海》一书写改革开放早期部分青年"去日本留学带打工,出国混混枪势",说的就是这个意思。

巧克力

英语Chocolate的沪语译音。巧克力的主原料是可可豆,据说起源于南美洲,由玛雅人发现,纳瓦特尔语叫做xocolātl;最早是墨西哥阿斯帝卡王朝的宫廷饮料。16世纪初,西班牙探险家荷南多·科尔特斯将其带回西班牙,并将可可豆磨成了粉,加入了水和糖,再加热后被制成的饮料就称为Chocolate(巧克力),深受大众的欢迎。巧克力当时被视为贵重的强心、利尿的药剂,它对胃液中的蛋白质分解酵素具有活化性的作用,可帮助消化。不久其制作方法被意大利人学会,并且很快传遍整个欧洲。

之后,巧克力又被制成如今人们熟知的可咀嚼的巧克力块。瑞士人还发明了制作牛奶巧克力的方法,巧克力的品种也日渐丰富。第一次世界大战期间,巧克力作为高能营养品,被运到战场分发给士兵。巧克力的生产也因此受到刺激,更加遍及。

巧克力在清朝期间,从欧洲辗转引入中国。根据英语的读音,广

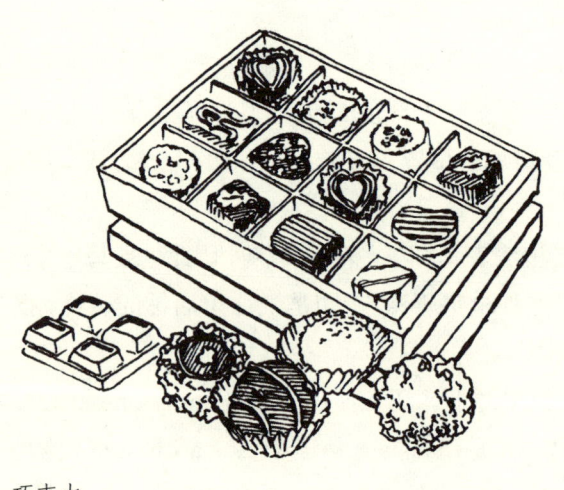

巧克力

东、香港、福建一带把它叫做"朱古力",而上海人则把它译做"巧克力"。现代汉语采用了上海话的音译翻译,巧克力已然成为通用的汉语词汇。

圈的文

这是上海话中不少现已不再有人使用的历史词汇之一。圈的文是英语twenty-one的音译,意思是"21点",是一种用扑克牌进行赌博的游戏方法。

这种赌博游戏可由二至六个人玩。使用除大小王之外的52张牌,一般要用到一至八副牌。庄家给每个玩家发两张或三张牌比较大小,以21点为极限。超过21点即"爆掉",算输。"搿朋友麻将、沙蟹、圈的文,是赌侪欢喜!"意思是说:这个人麻将、梭哈、21点,什么赌博都喜欢。

据说,在所有赌场桌面游戏中,圈的文是玩家最可能获胜的游戏之一。这种游戏于16世纪起源于法国。1700年左右,法国赌场就有这种纸牌游戏,法语叫vingt-et-un(20和1),即21点。翻成英语就叫twenty-one。

21点游戏在英语中还有另一个名称,叫做"Blackjack"(黑杰克)。因为按照游戏规则,如果玩家前两张牌拿到黑桃A和黑桃J,就会得到额外的奖励。扑克牌中的J英语称作"杰克"。因此游戏者都希望能拿到这个幸运的"黑杰克"。

俱乐部

俱乐部对应的英语为club。Club的英语释义是:An association or organization dedicated to a particular interest or activity(专用于特定的兴趣或活动的协会或组织)。或者说:A formal association of people with similar interests(有相同兴趣的人组成的正式协会)。

1845年,英租界在上海建立。为了丰富业余生活,进入上海的外国侨民们根据他们的传统习惯,在上海建立了各种club。其中最早的,是1846

上海总会

年英国侨民集资筹建的Shanghai Rase Club。但因为在汉语中找不出一个与club完全相对的词汇,于是人们根据club的性质,将其取汉名为"总会"。Shanghai Rase Club就被译为"上海跑马总会",Shanghai Club也被叫作"上海总会"。

Club一词传入日本后,日本人以日语中的汉字进行意译,赋予原有汉字新的词义,这样"俱乐部"(クラブ)一词便诞生了。之后,这个新的词汇再由日本传回中国。

茄克

原文为英语jacket(短上衣),也称为"茄克衫"或"夹克",指衣长较短、胸围宽松、袖口和下摆收紧的齐腰外套。例如:皮茄克、牛仔茄克、休闲茄克等等。

这种样式的服装轻便利落,适合身体伸展运动。因此,起初它就是农民、学徒、马夫和工人,用帆布等粗厚布料的工作服。莱特兄弟发明飞机后,茄克又因其出色的防寒保暖功能,成为飞行员制服样式的首选。曾几何时,身穿飞行茄克,胸口围着丝绸巾,足登飞行靴是一袭多么时尚的装束啊!直到现在,它依然能给人以活泼、精神、富有朝气的感觉。

有人在网上讨论茄克与夹克的区别。说翻译为夹克是近十年的事,说弃"夹"选"茄"另有隐喻,说茄克比夹克更加贴合服装品类性、更适合中国茄克的涵义。其实,区别很简单:"茄克"是上海方言的翻译,用上海话是念不出"夹克"来的。

2004年10月，新华网有篇题为"弄清上海人是什么"的文章说："建国以来，由于种种原因（支援边疆、支援三线、上山下乡等），上海人大批地走出了上海。他们在改造自己、普及小裤脚、茄克衫和奶油蛋糕的同时，也在普及着上海文化。"夹克衫由上海引进，再传至各地的说法是可信的。

掮客

近代以后，西方通过向社会发行股票集资兴办的企业日益增多。

1891年，上海的英商成立了一家名叫The Shanghai Sharebrokers Association的证券交易公司。由于中西经济制度不一样，在汉语中没有与sharebrokers（股票经纪）意义相同或相近的词。据说，马相伯最早将share（股票）译为"扁担"，sharebrokers就成了挑扁担的人——挑夫。此种译法显然过于粗俗，于是又改译为"掮客"，再后来称之为"经纪人"。掮客作为外来语，就是经纪人的前身。The Shanghai sharebrokers Association也被译为"上海掮客公会"。

掮客作为英语sharebrokers的汉译，最早并无贬义。但是传统的中国人认为，经纪人从事的是一种买空卖空而牟取利润的行为，与哄抬行情、投机取巧、中饱私囊等有必然的联系。所以，沪语"掮客"一词常带有贬义，用来指那种无本经营又不承担风险的买卖人。《二十年目睹之怪现状》第九回："上海的这些露天掮客真正不少。"周而复《上海的早晨》第一部十一章："朱延年成了西药掮客。"茅盾《锻炼》："袁世凯卖国也要一手包办。替他做掮客的人会被他反咬一口，说是汉奸。"这里的掮客多少都含点贬义。

乔其纱

乔其纱是一种用涤纶或者真丝为原料，经左右加捻加工而成的丝

着乔其纱婚纱的宋美龄

织物。源自法语georgette，也写作la crêpe georgette，属于音译加意译的外来语，也称作"乔其绉"、"雪纺"（chiffon）。英语也叫georgette，定义为一种薄绢或绉纱长裙的材料。

乔其纱由棉、丝绸或合成纤维制成，质地柔软、轻薄透明，手感滑爽富有弹性，外观清淡爽洁，具有良好的透气性和悬垂性。适于制作妇女连衣裙、高级晚礼服、头巾、宫灯工艺品等。

这种闪烁在若隐若现、欲透还掩中的感觉，曾受到上海女性的特别青睐。1927年12月，上海小姐宋美龄结婚时的婚纱，就是用乔其纱做的。当时，她身穿银色旗袍，白色乔其纱用一小枝橙黄色的花别着，斜披在身上。笔触细腻的张爱玲，也善用这种华贵的衣料来点缀她小说中的人物。在《红玫瑰与白玫瑰》中，张爱玲这样描写娇蕊："她穿着暗紫蓝乔其纱旗袍，隐隐露出胸口挂着的一颗冷艳的金鸡心。"同时代上海的诸多月份牌女郎，也都是通过镂空抽纱旗袍、透明真丝乔其纱来显示曲线美的。

求斯／求斯混

英语deuce（平手）的音译，原意表示纸牌或骰子中的二点。

求斯在上海话中，多用来指比赛或赌博时，争斗的双方未决出最终胜负时的平局，即所谓"盘末平局"。在球类比赛中，当双方在最后一球中打成平局，一方须连赢两球才算取胜，这便是求斯。英语的表述是：A player needs two consecutive points to win the game（玩家需连得两分才算赢得比赛）。求斯之后一方得一分，比赛还要继续，这时上海话就说"求斯混"。应该是deuce one（求斯之后得一分）的意思。得分一方再得一分便可得胜结束。如果对方扳回一分，则又是求斯，又要等待下一个求斯混。

有时上海话中求斯和求斯混，分的并不那么清楚。例如说："乒乓比赛碰到求斯混最紧张了！"这里的"求斯混"应当作"求斯"讲，意思是遇到盘末平局的状态让人捏一把汗。为此，英语里deuce还有一个解释，就是"厄运"（hard cheese）。碰到盘末平局的求斯，就是运气不好，厄运当头。

爵士乐

爵士乐来源于英语Jazz，是音译"爵士"加类名"乐"所组成的外来语。

爵士乐于19世纪末20世纪初发祥于美国城市新奥尔良。具有强烈持久生命力的爵士乐经过百年演进，突破了地域、种族和国界的局限，成为与古典音乐相提并论的世界性音乐。

爵士乐传入中国是从上海开始的。早在1923年，美国人奥斯邦就在上海创办了中国第一家广播电台ECO。从此，爵士乐随着电波飘散在老上海的洋房和里弄，使上海人开始接触这种全新的音乐形式。随之也有了"爵士"或"爵士乐"这样的上海方言词汇。

20世纪30年代，上海诞生过一批至今依然脍炙人口的经典爵士乐。例如：《夜上海》、《玫瑰玫瑰我爱你》、《香格里拉》、《夜来香》等。

爵士乐一词在新世纪上海的名片，是成立于1980年的上海和平饭店老年爵士乐队。成立后的20年里，他们曾27次受邀出访美国、日本、新加坡等地。接待过美国前总统卡特、里根、挪威国王哈拉尔五世等贵宾。

飞

飞是指自行车的飞轮，英语叫做 flywheel。

三飞齿轮

飞轮以内螺纹旋拧固定在后轴的右端，与链轮保持同一平面，并通过链条与链轮相连接，构成自行车的驱动系统。从结构上可分为单级飞轮和多级飞轮两大类。其中，多级飞轮是自行车变速装置中的一个重要部件，是在单级飞轮的基础上，增加几片飞轮片，与中轴上的链轮结合，组成各种不同的传递比，从而改变了自行车的速度。

也有人以为，这个飞译自英语 fit。fit 的英语原义是指符合标准的、恰当适合的、精密耦合的配件。属于传动系统的齿轮必须精确咬合，于是出现了将飞（fit）释为齿轮之说。

总之在上海话里，自行车的单级飞轮传动称为"单飞"，三级变速飞轮称为"三飞"。在当年，拥有一辆三飞兰苓脚踏车，是很多人的梦想。网络上有人撰写回忆文章说："我小的时候，常听人称一种进口的脚踏车为'三飞'，原因是它和大多数国产车前后轮上只有一个齿轮不同，它的一个轮子上装有大小不同的三个齿轮，而链条与不同的齿轮吻合就能够改变行驶速度。"

上海话中还有一个"飞"，表示时髦、摩登等意思。那是从另一英语单词 fly 引申而来的，切不可弄混。可参见后面"阿飞"的词条。

俘虏

也写作呼卢、呼路、呼虏、呼卢喝雉等。这是个容易混淆的词语。

在上海话中，俘虏是扑克牌游戏的术语，译自英语full house或full hand（满堂红，也译作满座）。指三张同点加一对，这样一手牌。玩罗宋、大怪路子、十三道等牌戏都会用到。这里，俘虏只是假借的注音词，与其原来的词义无关，也不能泛指赌博。2005年1月16日《新民晚报》刊文详细解说某牌局说："如你有99，88，77，666，55的牌，可以配成66655呼卢和7至9的三姐妹。"这时的俘虏，大多用三张同点的牌来命名。譬如上例中，就是一把6俘虏。2004年1月28日《新民晚报》上另有一段解说："加一档的地主首打55533呼卢，下家派司，中家上A呼卢。"A呼卢就是指三张A，至于跟着的那一对是什么不重要了。

上海话中有句熟语叫做"倒配俘虏"。是指玩罗宋、牌九时，不按先小后大的常规配牌、出牌的投机行为。在日常生活中，也用来比喻违背旧时男强女弱家庭格局的现象。譬如妻子高大而丈夫矮小。

在普通话中，呼卢或呼虏是赌博的代称。呼卢喝雉是古代一种赌博游戏，又称五木、樗蒲，呼卢是其简称。后来人们又发明了骰子，但是仍将掷骰子之类的赌博，习惯地叫做呼卢。初刊于康熙十四年（1675年）的《隋唐演义》里，唐玄宗掷骰子赢了杨贵妃后就得意地说："朕呼虏之技如何？"1948年屠诗聘主编的《上海市大观·呼卢喝雉》，以及2001年学林出版社出版的《上海都市民俗》中"呼卢喝雉"一节，说的都是各式赌博习俗，而非仅限牌技。

因此，这里的呼卢或呼卢喝雉，都与full house等洋文无关。同样因此，泛指赌博的呼卢喝雉，也可以倒过来称作喝雉呼卢。《上海竹枝词》有诗云："喝雉呼卢眠食迟，个人负博荡家赀。耶娘嫁妾千金赠，典尽裙襕无一丝。"

方棚

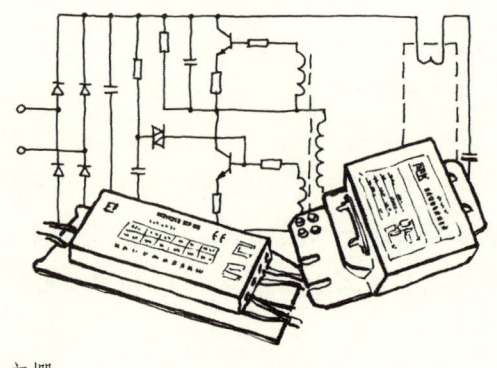

方棚

上海话把"棚"念若"帮",属不送气双唇清辅音,送气、爆破的感觉不强。

有人说:方棚即变压器,使交流电电压升高或降低的电器设备。常用的民用变压器为方盒形,被误以为藏电的棚,而英语变压器为transformer,于是被上海洋泾浜语按其后半部的读音译作"方棚"。这解释了借用"棚"字的原因。但其中还有一个大多数人都忽略的误解:我们经常在家用日光灯上看到的那个方形的"棚",其实是镇流器(ballast),而非变压器(transformer)。镇流器是气体放电的驱动装置,在灯启动时产生一个瞬间的高电压使灯管内气体电离,然后控制灯管电流使其稳定发光。不过方棚又确实从transformer音译过来,因此,这个误解从有人把日光灯上的镇流器称作transformer时,就造成了。我们也只能将错就错,把镇流器叫作方棚。

另一种解释是说:英语transformer本意是变压器或互感器,也可用作镇流器的俗称,然后被上海人简化为并不规范的"former"。这才有了方棚一说。

番司

指人的脸、面孔、长相,译自英语face。也写作"反司"、"翻斯"、"番斯"。

《上海方言词典》认为该词常用于要表示脸长得美丑时。番司曾在

20世纪六七十年代流行。最早是一些青年或学生在背后评论异性时的隐语。说"番司恶劣",即长得难看;说"番司克勒",即长得漂亮。之后也成为一般市民的用语。刘业雄在《穿越霓虹穿越梧桐触摸上海话》中,有这样一段情景对话:"我也注意到了,已经有一个多月没有看到伊的'番司'了!伊这副样子贼腔得不得了,越早揩脱越好。"2011年12月有个叫黄驹过隙的,在乐龄网上发表《话说"洋泾浜"》一文,说:"老上海人评论一个人的相貌时会这样说:'哟,伊只反司蛮灵咯。'意思是他的脸相长得很俊俏的。"

就在番司一词日渐式微,知道或应用的人越来越少时,2004年2月,有个叫做Facebook的大学生社交网站在美国创建。这个任何用户输入有效电子邮件地址和自己的年龄段,即可加入的网站,提供了大学生需要的几乎所有日常生活体验,像是一个不断变换的年鉴。Facebook的中文名叫做"脸谱"或"脸书",也有上海人称之为"番司博克"。新的情景,让番司有了新的复活。

法兰/法兰盘

法兰和法兰盘,原来都指一种连接或固定金属管子的机械零件。这种零件用途很广,一般为短管状,周围有盘形的边,边上有螺丝孔,便于连接作业时贯穿螺栓或螺丝。该词源于英语flange(轮圈),音译词,也称作凸缘盘。后来也指那些不用螺丝连接的类似零件,如:卡夹法兰、焊接法兰。

在上海话中,法兰盘还被

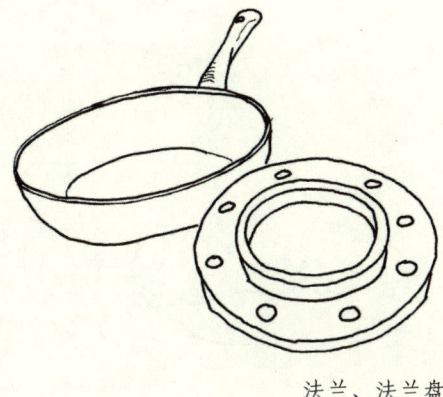

法兰、法兰盘

引申用来指有柄的扁浅平底锅,就是家里用来煎蛋、摊烙饼的那种。因为这种平底锅的外形容易使人想起"法兰盘"。再后来,法兰盘还被一些人拿来隐喻肥硕的臀部。沪语小说《繁花》中,李李女士形容饭店老板娘说:"屁股像只法兰盘,拖了一双踏扁后跟的破皮鞋。"话虽不雅,却颇为生动,画面感很强烈。

相对法兰盘来说,"法兰"在机械工业中的用途更广一些。与法兰盘相配套的其它零件,不少也都冠以法兰之名。如:法兰联接、法兰管件、法兰螺母、法兰螺帽、整体法兰、活套法兰等。

法兰西帽／贝雷帽

法兰西帽也称"法兰帽",其实就是法国人发明Bérets。Bérets的音译叫贝雷帽,法兰西帽是它的意译。也有人说法兰西帽是France cap的音译加意译。

法兰西帽是一种扁圆无帽檐的软帽。男式帽顶中央有一短帽蒂,女式法兰帽则常常在顶部缀以绒球。它和法国葡萄酒、法国棍子面包、法国街头咖啡座一样,属于典型的法国文化。

关于法兰西帽的故事流传很多。最早它是法国西南部比利牛斯山上牧羊人戴的羊毛软帽,用来防风保暖。这一带的百姓生性豪放,他们在休息时就摘下帽子用来擦汗,然后又将帽子垫在屁股下当垫子。据传,老比利牛斯山的牧羊人常常通过戴法兰西帽的不同方式表达自己的心情:帽子戴得端端正正的表示严肃;把帽

法兰西帽

子压到眉毛的位置表示有疑虑；歪戴帽子则表示心里放松，很随意。当年拿破仑三世喜欢和皇后欧仁妮到巴斯克地区去度假，看到那里的人们喜欢戴这种扁圆形帽子，兴致所至，赐名"巴斯克贝雷帽"。所以现在也有人称其"巴斯克帽"。

二战时期，德军法西斯占领了法国后，法兰帽成了对德国法西斯反抗的象征。德国占领军认为戴法兰帽的人是抵抗运动成员，禁止法国人戴，称法兰帽为"法国人的头盖子"。法兰帽遂被沾染了政治色彩。之后，逐渐成为许多国家军队的军帽。此外，在北欧国家及荷兰，人们又把法兰西帽称之为高山帽。

1949年前的上海，法兰西帽非常流行。人们说它象征独立自主、不随附他人。艺术家、知识分子、老克勒等，都喜欢戴它。

法兰绒

法兰绒译自英语flannel（绒布），属于音译词。

法兰绒出产于18世纪英国的威尔士，是一种柔软而有绒面的毛织物。虽属粗梳毛纱织制，摸起来的手感却非常柔软。其生产过程是先将部分羊毛染色，后掺入一部分原色羊毛，经混匀纺成混色毛纱，织成织品经缩绒、拉毛整理而成的。大多采用斜纹组织，也有用平纹组织的。呢面有一层丰满细洁的绒毛覆盖，不露织纹，手感柔软平整，且色泽素净大方，适宜制作春秋男女上装、童装和西裤等，薄型的也可用作衬衫和裙子的面料。

法兰绒传入中国后，因其细腻柔软，也深受上海人的喜欢。根据东华大学王传铭教授提供的资料，迟至民国时期，上海就在国内率先形成了粗纺、精纺、绒线和驼绒四个基本生产体系。其中粗纺产品就有法兰绒、海力斯、雪花呢等。

杨绛先生在《我们仨》一书中，也借这种面料来表达一种柔和的感觉:"等我醒来,发现自己像新生婴儿般包在法兰绒包包里,脚后还有一个热水袋。"

维他命

维他命就是维生素,两者都是译自英语Vitamin。前者是音译,后者以意译为主。老上海人更习惯称维生素为"维他命"。

维他命是一系列有机化合物的统称,是个庞大的家族。它们是人体和其他生物体必不可少的微量营养成分,是维持和调节机体正常代谢的重要物质。大部分维他命一般无法由生物体自己合成,需要通过饮食等手段从食物中摄取。缺乏维他命素会导致严重的健康问题,适量摄取维他命可以保持身体强壮健康,但过量摄取维生素却会导致中毒。

就目前所知的维他命就有几十种,大致可分为脂溶性和水溶性两大类。前者包括维生素A、D、E、K,后一类包括维生素B族和维生素C,以及许多"类维生素"。

除了上海人之外,还有其他一些地方也习惯用"维他命"一词。这个音译名词的洋味和它所包含的生命健康含义,使得至今为止的不少商品依然冠以"维他命"的称呼。例如:维他命水饮料,各种维他命洁面乳、洗发露,连一个韩国健康饮食的节目名称,也被译作《维他命》。

味之素

即通常所说的味精,译自日语"味の素"。目前国内外广泛使用的增鲜调味品之一。味之素的成品为白色柱状结晶体或结晶性粉末,其主要成分为谷氨酸和食盐,学名叫"谷氨酸钠"。

1908年,由日本人池田菊苗和铃木三朗助从海带中提取谷氨酸钠后,发明创造出一种称作"味の素"(あじのもと)的商品。之后不久传入上海,按字面和字义,被意译作"味之素"。

1920年，上海化工实业家吴蕴初独立发明出一种从小麦麸皮中生产谷氨酸钠的方法，也制造出了与味之素相近的产品，取名"味精"，并由此创建了上海天厨味精厂。吴蕴初是世界上最早用水解法来生产味精的人。可见，味精的发明和取名，虽是受了"味の素"的影响，却不是简单地从"味の素"翻译而来的。味の素的意译词是上海话"味之素"。

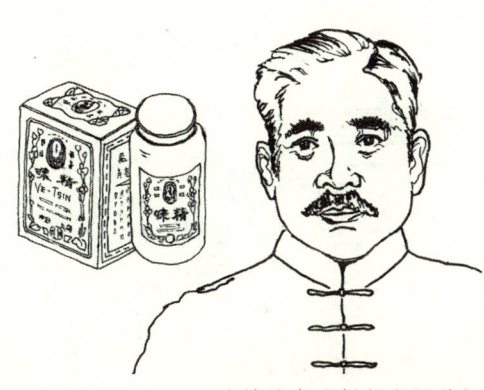

味精的发明创制者吴蕴初

当年，味之素有这样的广告语："大凡男女之间，非有爱情，不能和好。一切食物滋味，非加'味之素'，不能适口"。于是，味之素有时被推而广之成为无关痛痒、哪儿都能放一点的固化模式的代名词。中国史学家顾颉刚1933年在其《古史辨》中说："唯物史观不是'味之素'，不必在任何菜内都渗入些。"用的就是这个意思。

凡士林

过去上海人常用的护肤油膏，是英语Vaseline（矿脂）的音译。该名词是由德语wasser（水）及希腊语ελαιων（油）两词合并而来，化学名称叫"丙三醇"。

凡士林是一种从石油分馏产物中得到的半固体混合物。除了化妆品外，还可用作机器润滑、防锈剂和软膏基质等。最早是由美国发明家罗伯特·切森堡（Robert Chesebrough）1859年在石油中提炼出来的副产品。他在该产品的美国专利书上这样写："我，罗伯特·切森堡，自石化物中发明了一种全新且非常有助益的产品，命名为凡士林

凡士林的发明者罗伯特·切森堡

（Vaseline）。"

凡士林的封闭性非常强，能有效保持皮肤的水分。1965年8月，三亚榆林要塞的解放军侦察员进行渡海训练前，就创新性地在全身涂上凡士林以护肤保暖。凡士林还可帮助卸妆，梅葆玖在回忆梅兰芳先生时说："他按照传统的做法，在化妆前先涂一层凡士林，把毛孔堵上，再上油彩，这样等于上了一层保护膜，就不会直接伤皮肤了。"除了上述功用外，凡士林还可有助于烧伤后修复、治疗尿布湿疹、缓解干裂的脚跟、护鼻润唇、让秀发变柔顺等。

随着健康、美容观念的被重视，凡士林对现代人的用处正变得越来越大。

凡立丁

对外交往，新品引入，各种洋布取代土布成为上海人的新宠。凡立丁便是其中之一。

凡立丁译自英语valetin，也叫热带花呢。是一种薄毛呢，采用一上一下平纹组织织成的单色股线的薄型织物。其特点是纱支较细、捻度较大，呢面光洁轻薄，挺滑透气，弹性好，性好，色泽鲜艳耐洗，抗皱性能强，是精纺毛产品中良好的夏季衣料。

根据东华大学王传铭教授提供的资料，迟至民国时期，上海就在国内率先形成了粗纺、精纺、绒线和驼绒四个基本生产体系。其中精纺产品就有哔叽、华达呢、凡立丁、派力司、素花呢、舍味呢等。

但是，凡立丁普及至全国，还是在20世纪六七十年代。《国家人文历史》记载有李思明先生的口述文章，其中说到："1970年5月，我的实习期即将结束。当时北京刚出现一种叫'凡立丁'的布料，用它做的裤子是街头最时髦的时装，人称'料子裤'。"是可资证。

凡立水

凡立水其实和水的关系不大，是沪语对英语varnish（油漆）的音译。上海话中的"水"读若"斯"，用普通话，varnish是发不出"水"这个音的。

凡立水是清漆、绝缘漆的俗称。主要用于浸渍电机、电器的线圈和绝缘零部件，以填充其间隙和微孔，浸渍漆固化后能附着在浸漆物表面，有防潮、散热、绝缘、固定、保护线路板及美观等作用。

凡立水也曾是家庭装修中最常见的漆种，主要适用于家具、地板、门窗等的涂装，原因在于它对施工的要求不高，无需专业人员就可以操作。凡立水的流平性很好，出现了漆泪也不要紧，再刷一遍，漆泪就可以重新溶解了。用于家庭装修，具有透明、成膜快、耐水性等特点，但它的涂膜硬度不高，耐热性差，在紫外光的作用下易变黄，且有一定毒性。和其他油漆一样，凡立水还是易燃物。2013年9月9日，有新闻报道说：一嫌犯用凡立水烧毁了街巷里停放的三辆小汽车。因此，凡立水已逐渐退出了家庭装潢领域。

凡尔／凡尔哈夫／凡尔盘

凡尔是英语valve（阀门）的音译，意思是：阀、活门、气门、开关。

凡尔一般由凡尔外壳体，以及内部的凡尔球和凡尔球座组成。当流体通过凡尔时，凡尔球离开凡尔球座，流通通道打开，流体可以通过。当流体逆向流动时，在压力（或其他力）的作用下凡尔球坐在凡尔球座

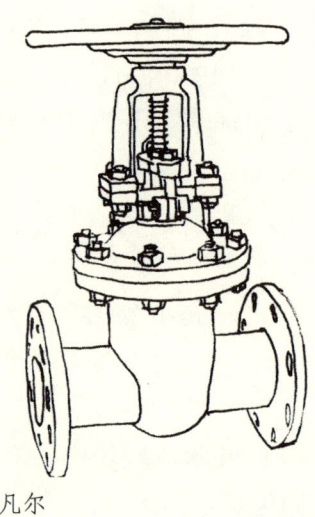

凡尔

上，流通通道关闭，流体不能通过凡尔。

这个凡尔过去常可在上海工厂老师傅的嘴里听到。现在也有许多设备依然使用"凡尔"做名称。如：凡尔开关、固定凡尔、游动凡尔、增效凡尔等。

凡尔哈夫指的是气门锁片，两个半圆状卡簧，用于固定气门杆于气门弹簧座之间的位置。

比较容易混淆的是那个"凡尔盘"。在阀门上用来开关阀门的圆盘，称作"凡尔盘"，但上海人把汽车方向盘也叫做"凡尔盘"，形状有些相像，出处却截然不同。汽车方向盘的"凡尔盘"是从英语wheel plate或steering wheel翻译过来的。

梵哑铃

早期上海人对小提琴的称呼，源自英语violin（小提琴）的音译。也有叫它作"怀娥铃"、"梵和琳"、"繁华令"的。梵哑铃中间的那个

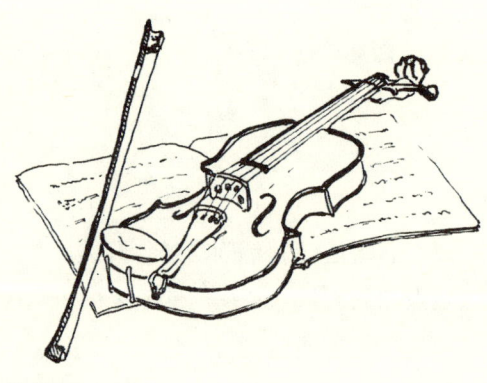

梵哑铃

"哑"字，是该词源出上海的证明。因为上海话把"哑"读成"喔"，正好符合violin的第二个音节。

这个梵哑铃，是古今作家都较偏爱的词汇。民国时期的上海著名画家丁悚，曾为自己创作的拉小提琴的仕女图，配上这样的诗句：

"个人生小最聪明,能把新声换旧声。昨夜听郎弄胡索,却来谱入梵和琳。"朱自清著名的散文《荷塘月色》中也有用到该词:"塘中的月色并不均匀;但光与影有着和谐的旋律,如梵哑铃上奏着的名曲。"张爱玲说:"我最怕梵哑铃,水一般流着,将人生紧紧把握贴恋着的一切东西都流了去了。"另一位上海女作家亦舒,在她的小说《少年不愁》中,也有提到这个梵哑铃。还有作家贾平凹,在他的散文《冬景》里说:"清静安谧的气氛,不冷不热的温度,一切都是这样的自然,闭上眼睛细细聆听,落雪声似乎是梵哑铃上奏着的名曲,又仿佛是人与自然和谐共处的乐章。"贾平凹是生于20世纪50年代的北方人,能如此熟练运用梵哑铃这个典型的沪语外来语,可以间接证明它影响的深远。

司必灵

源自英语spring(弹簧),弹簧锁的意思,也有写作"司不灵"、"斯配林锁"。

中国从东周开始出现了金属锁,东汉时簧片结构的金属锁逐渐在民间广泛使用。直到民国以后,才从西方引入现代弹簧锁的概念。美国力司百灵公司(LeeSpring Co., Ltd)生产的Lee Spring(力司百灵)门锁,是第一个登陆中国大陆的弹簧锁品牌。1932年初,沈鸿、杨镜清等人率先在上海创办锁厂,制造出了国产的司必灵弹簧门锁。

司必灵这种新式锁具,肯定优于传统的叶片锁、弹子锁。上海

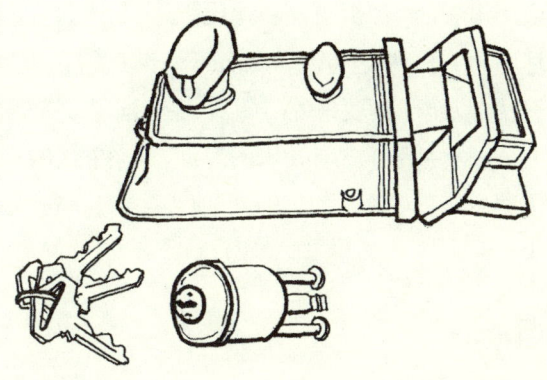

司必灵

人所认同的司必灵，大多用在房门上，锁舌带有弹簧，进门出门一带就能锁上。锁具还设置保险，既可自屋内扣上锁死，也能控制锁舌不弹出方便进出，确实方便许多。

2008年有位"仙隐山人博远"写的网络小说《岁月》，一开头就写到了这个司必灵："小刘午睡，总是关上门，门上是司必灵锁，也从不保险。"

之后面世的双保险、三保险锁，虽然未必再叫司必灵，却都是在此基础上改进而来的。

斯达特

英语starter（启动器）的音译，意为启辉器。也写作"史带脱"。

我们使用的日光灯灯管上面有一个装置，在你开灯的时候会闪一下，那就是启辉器，也叫做"起辉器"。启辉器实际是一个自动启动开关，作用是预热日光灯灯丝并提高灯两端电压，以利点亮灯管。利用断开预热电流瞬间产生的脉冲高电压，可以导通灯管内部的汞蒸汽。灯管里的汞蒸汽一经导通正常工作后，由于日光灯管的负阻特性，其两端电压低于启辉器放电管的电离电压，放电管将保持熄灭状态。

有位胡果威先生，在名叫《殖民地英文》的网文里写道："在日常生活用语中，洋泾浜英文更比比皆是。日光灯一闪一闪地不启动，说明'斯达特'坏了，斯达特源于starter。"斯达特在上海人印象中是如此深刻和普及，以至于你要是说启辉器、启动器未必有人会听懂。

随着新科技、新技术的发展，现在的LED日光灯等新型灯具已不再需要启辉器、镇流器等辅助部件了。斯达特也很可能逐渐变成真正的历史名词。

斯道泊

即英语stop（停止）读音的上海话文字表达。

这个用途广泛的词语一般只流传于口头，很少写上书面的，也都用字随意。《方言与中国文化》写作"史到婆"，《上海话大词典》写作"史到步"，网络上《维基百科》写作"司到婆"，而"斯道泊"是上海作家程乃珊的写法，还有写作"斯达勃"的。各种表达，不一而足。

上海话斯道泊除了用作"停止"而外，还有"结束"、"完成"、"刹车"、"暂停"等意思。说"阿拉两家头斯道泊算了"，是说两人的关系结束了。说"我的生活斯道泊了"，是说我这方面的活儿干完了。

此外，斯道泊当年还是一种儿童游戏的名称。程乃珊的小说《双城之恋》里就提到过这种儿童游戏："斯道泊是一种追逃游戏，被追的一方一旦双手抱肩叫一声斯道泊，就得停止对他的追捕。" 2007年出版的《上海话大词典》里，也提到这个游戏。

和许多在20世纪50年代前曾风行过一时的沪译外来语一样，斯道泊现在也不怎么用了。据易中天先生的观察，"新上海人宁愿直接说英语，比如暂停说stop，而不再说'史到婆'"。

司的克

司的克是英语stick（棍棒）的音译，上海话中专指手杖。

旧时西方的绅士平时喜欢拿一根精致的手杖，与他们笔挺的身姿和礼服相映衬，成为西方绅士的招牌形象。民国年间，受西方文化的影响，中国的达人显贵，甚至一些知识分子，也喜欢拿一根手杖以示风度和身份。这条手杖被称为文明棍，在上海人嘴里，则被叫做"司的克"。

叶圣陶的长篇小说《倪焕之》中，有一段很生动的描写："看他挺胸凸肚，一手执着司的克，这边一挥，那边一指，一副不可一世的气概。"茅盾的《小三》："倘使你以为绅士也者，一定得手拿司的克，那么，就把他当作公子身份的挂名大学生也好。"还有语言学家王力，在他的《龙虫并雕琐语》里专门有一篇《手杖》，说："洋式的手杖刚传到上海的时候,上海人有三句口号:'眼上克罗克,嘴里茄力克,手里司的克!'有了这三克,俨然外国绅士,大可以高视阔步了。"甚至弄堂稚儿的童谣也有唱到司的克:"先生名叫密司脱,手里拿根司的克"。可见这根司的克在上海曾经是蛮引人注目的。

水汀/热水汀

水汀是英语steam(暖气)的音译,加了个"热"字,便更点明了它的用途。

地处南方的上海,一直没有集中供暖这一说。但在空调尚未像今天这样普及的年代,一些高档楼宇,还是有蒸汽锅炉进行楼内供热的。上海人把通到房间的那些散热管架,称作"水汀"或"热水汀"。对于用蒸汽和热水作为供暖传热媒介的设备,这个翻译还兼顾了字面的含义。

茅盾先生在《上海大年夜》一文中有这样一段描写:"这天很暖和,我料不到亲戚家里还开着水汀,毫无准备的就去了,结果是脱下旗袍尚且满头大汗。"张爱玲的散文《公寓生活记趣》中也有写到:"自从煤贵了之后,热水汀早成了纯粹的装饰品。"从作家的笔下可以看出,享受热水汀是高档生活的标志。有人为了说明胡适在相当程度上,超越了当时像鲁迅这样著名知识人的生活水准,拿出的证据就是:"胡适的家有庭院,有汽车间,有锅炉和热水汀……"

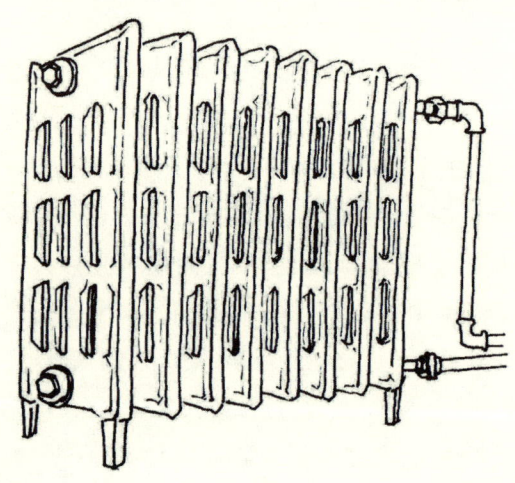

热水汀

因为洋气、因为贴切,直到现在,还有延用这个沪语外来语的商品名称,如:"电热水汀"、"电热油汀"等。

水门汀

水门汀看上去和水汀有些相似,其实是两个完全不相干的词语,唯一相同的地方,就是它们都属上海话的外来语。水门汀从英语cement(水泥)翻译过来,指用水泥或混凝土为主要材料的建筑。如水门汀桥、水门汀路、水门汀地板等。

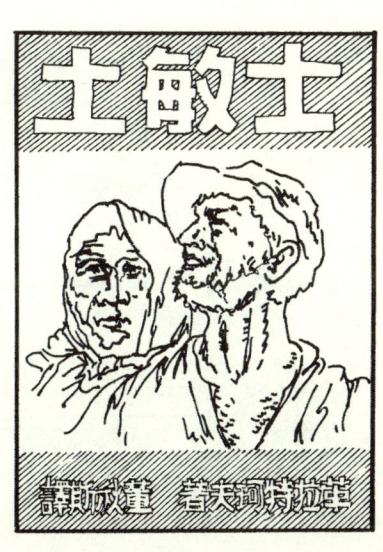

苏联小说《士敏土》封面

写于20世纪20年代初的《上海轶事大观》谈到"西人游戏种种"时说:"近大世界亦设溜冰场于广地,沃以水门汀,亦与冰无异也。"刘亚雄在《穿越霓虹穿越梧桐触摸上海话》中说:"水泥本来是舶来品,随着水泥的推广使用,'水门汀'一词也抖起了威风。在这个词还没有定型的时候,以'士敏土'代替。鲁迅曾为三闲书屋所影印出版的苏联小说《士敏土》的十幅木刻写了一篇序言。"

这个"士敏土"其实也是英语cement或俄语цемент(水泥)的音译词。一定是相较之下,没有"水门汀"来得清晰、合理,于是在历史的选择中,败下阵来。有人评论说:"水门汀等看似译音,实际音义兼顾,这样做难度大,因此这类借词数量较少。"

斯诺克

随着中国选手在世界夺冠,"斯诺克"一词早已不胫而走,几乎家喻户晓。斯诺克音译自英语Snooker,是一种落袋式桌球运动,在上海也叫"落袋"、"弹子"。

此项运动使用的球桌台面四角以及两长边中心位置各有一个球洞,使用的球分为1个白球,15个红球和6个彩球(黄、绿、棕、蓝、粉红、黑)共22个球。击球顺序为一个红球、一个彩球,直到红球全部落袋,然后以黄、绿、棕、蓝、粉红、黑的顺序逐个击球,最后以得分高者为胜。

斯诺克

斯诺克很早以前就从英国等国传到上海和香港,现已在中国普及。上海话和普通话中斯诺克的读音,都比较接近原文,它最先出现在上海的一个重要佐证,是上海话中还同时保留了许多其他与斯诺克相关的专业术语。例如"莱斯"(rest),即架杆,用于支撑球杆的具有铜制的X形头部的木杆;当选手的非持杆手手臂不够长时,可将球杆靠在架杆上,以稳定地击打主球。福落(fro)反弹后进洞。"巧克"(chalk),即白垩粉,涂于球杆杆头以增强球杆和主球之间的摩擦,通常被压制成正方体的粉块。"麦格"(ball marker),即桌球房的台盘服务员。"塞包脱"(set the ball point),即置球点等。

2003年《上海滩》杂志有篇专门介绍桌球知识的文章,作者随手就写出了表示斯诺克术语的诸多上海方言词:"当你需要用莱斯时,一位伺候在侧的麦格会不待招呼,便将莱斯递上。"

司位子

司位子是英语switch（电路开关）的音译。

Switch一词在英语中有多重解释：按钮、操纵杆、改变、移动、转身、替代等。《吴地俚言熟语》中，也给了司位子有较广使用空间，说是："可用钥匙启动或关闭的电门"。但在上海人的日常口语中，司位子只是专指启动汽车的电门开关，非汽车驾驶员一般接触不到这个词汇。好在现在家庭汽车普及，司位子也有更多的人知道和使用。

网络上常可见到这样的讨论话题："司位子有掉漆现象"、"拆了仪表盘发现司位子线好像是四根"、"第一次打火没反应或者是司位子有问题"等。这些司位子都是指的发动汽车时的电路开关。

有人把司位子解释为日光灯的启辉器，或者发动机里的火花塞。功能看上去相似，但上海话一般称启动器为"斯达特"（starter），称火花塞为"扑落"（spark plug或ignition plug），专词专用，较少错位。

苏打

苏打是英语Soda的音译，学名叫做碳酸钠，也译作"梳打"。一种十分重要的化工产品，是玻璃、肥皂、纺织、造纸、制革等工业的重要原料。冶金工业以及净化水也都用到它。它还可用于其他钠化合物的制造。

早在18世纪，碳酸钠就和硫酸、盐酸、硝酸、烧碱并列为化工基础原料之一，号称"三酸两碱"。在日常生活中，苏打可以直接作为洗涤剂使用。蒸馒头时加一些苏打，还可以中和发酵过程中产生的酸性物质。

和苏打相关的还有"小苏打"和"大苏打"。其中，小苏打的学名叫碳酸氢钠，英语为bicarb。在食品工业上，它是发酵粉的一种主要原料。上海人熟悉的苏打饼干所用的就是小苏打。小苏打还可以用于制造清凉饮料、治疗胃酸过多、充当灭火器里产生二氧化碳的原料等。此外，还有一种营养过剩时代比较时尚的饮料，叫做"苏打水"，英语为soda water或carbonated water。那是溶入了二氧化碳的水，因此也叫碳酸水。做苏打水用的，也是碳酸氢钠——即小苏打。

大苏打是硫代硫酸钠的俗名，英语为hypo，也有音译称作"海波"的。大苏打可以作为绵织物漂白后的脱氯剂，也用于鞣制皮革、电镀以及由矿石中提取银，早年还是摄影胶卷的定影剂。

三文鱼

即太平洋鲑鱼，英语salmon的音译。

该鱼的罐头食品在民国时代已进入上海市场。最早被译作"萨门"或"萨门鱼"，也有译作"撒蒙鱼"、"三纹鱼"的。

Salmon是鲑形目鲑鱼类的统称，产于中国的大马哈鱼也是salmon中的一种。现在我们所熟悉的三文鱼是生长在加拿大、挪威、日本和美国等高纬度地区的深海鱼，肉色呈银白色。进入生殖期时，肉色逐渐变红，并北上进入内河产子。三文鱼是日本生鱼片的主要原料；20世纪80年代初，自日本引入上海，近年来成了家庭餐桌上的美味佳肴，食用方法也多仿照日式的刺身——生鱼片。

按照薛理勇先生在《上海闲话碎语》里的说法，三文鱼的成鱼个体达20千克以上，一般人很少看到过三文鱼

三文鱼

的整体，只看到桌上的生鱼片。鱼片肉呈暗红色，间以一条条黄色的花纹，于是按英语salmon的读音，误译作"三纹鱼"。

三文鱼肉质细嫩、口感爽滑，还具有很高的营养价值。除了是高蛋白、低热量的健康食品外，还含有多种维生素以及钙、铁、锌、镁、磷等矿物质，并且还含有丰富的不饱和脂肪酸。据挪威等地的科研机构营养学研究证明，三文鱼所含的omega—3不饱和脂肪酸能有效地降低患心血管疾病的风险。

赛璐珞

源自英语celluloid（硝化纤维塑料），也叫"玛瑙膜"、"云石膜"；是历史上最古老的热可塑性树脂，以硝化纤维和樟脑等原料合成。

赛璐珞外观呈有色或无色透明或不透明的片状物，性软且富有弹性。因能够简单成形，它被作为象牙的替代品开发。代表性制品为乒乓球、眼镜架、玩具、钢笔杆、建筑装饰、电影胶片等。

近年来有个新词，叫做"赛璐珞天花板"（celluloid ceiling），是指在好莱坞等影视创意岗位，女性受限制，存在感不强，职业发展遇到瓶颈。赛璐珞在这里就是喻示电影创制业。

赛璐珞的生产制作曾经在上海工业中占有较为重要的地位。《上海市年鉴（1947年）》将其列为22项上海重要工业之一。当时，上海市赛璐珞工业同业公会会员共有36家之多。

赛璐珞的缺点是遇明火、高热极易燃烧。较长时间的贮存会让赛璐珞逐渐发热，若积热不散就会引起自燃。因此，现在多用其他材质替代，赛璐珞已经鲜少使用。2013年国际乒联决定，自2014年7月起，使用以高分子聚合物为原料的新材料制作乒乓球，赛璐珞球已全面退出历史舞台。

沙克司坚

着沙克司坚西装的董竹君

在老上海嘴里,"沙克司坚"是进口人造丝的别称,也写作"雪克斯汀"。其中的"沙克"或"雪克"当是英语silk(丝绸)的音译无疑;后面部分"司坚"许是stocking(奢侈的),"斯汀"更像satin(缎子)。英语都有相应的词汇搭配:silk stocking意为华贵装束;silk satin意为真丝素缎。至于有人说是源自英语shark-skin(鲨鱼皮),似乎有些勉强。

据《上海小姐》一书记载,上海锦江宾馆的创始人、被称为"中国的娜拉"的董竹君,就喜欢穿"四周滚黑边的白色'雪克斯汀'面料的西式上装,与同样面料的裙子和白色高跟皮鞋。"

时至今日,许多现代作品中,还不断有沙克司坚的身影。2010年4月出版的杨健《东风·雨》中:"作为仙乐门最红的舞女,欢颜身上的每一丝色彩都意味着时尚和华丽。她是上海最早用人造丝来做旗袍的女子,一身雪白的'沙克司坚'穿在身上,宛如开倦了的琼花。"2013年3月出版的上海方言小说《繁花》更是多次提到:"姆妈讲,箱底下,倒是有几件沙克司坚旗袍,也就是人造丝,绿,黄,粉,淡蓝,其中,雪白颜色最好,当时男人做白西装,女人做白旗袍,最流行。"就连网络小说也不乏其影,《与你盛世再相见》中:"香云纱旗袍和派力司长衫的下摆翻飞着触碰到一起,又轻跃着弹开,雪白的沙克司坚西服裤绕着华斯葛洋装裙旋转,玻璃丝的长袜在明明灭灭的绮色灯下里散发着微光。"

沙发

许多现在已成为普通话通用语的外来词汇,最早都是从上海登陆引进的。"沙发"是最典型也是最著名的例子之一。

沙发根据英语单词sofa音译而来;指装有软垫、弹簧或厚泡沫塑料等的扶手靠背椅。英语定义为:"A long upholstered seat with a back and arms, for two or more people"(供两个或两个以上的人坐的、有软垫靠背和扶手的座椅)。这种坐、靠舒适的座椅,在现代家庭、办公室及一些公共休闲场所都能看到。

沙发

易中天在《西北风·东南雨》里谈到外语与方言时说:"沙发用普通话翻译应该是'梭发',但上海人把'沙'读作'梭',也就成了'沙发'。"很显然,sofa的读音比起普通话来说,更接近上海话念的沙发。周振鹤和游汝杰先生早在1986年出版的《方言与中国文化》一书中就断言:"譬如沙发、太妃糖和加拿大三词肯定是由上海登陆的。这三词的读音只能用上海话念,才能跟外语原词对得起来。"

沙司/配司

无论是五口通商还是改革开放,在沪的外国人多了,适合他们口味和习性的生活用品便也各处可见。

上海一些专为在沪老外设立的进口商品超市的货架上,常可看到标以某某沙司的小瓶小罐,内中都是些佐餐的酱料。譬如奶油沙司(béchamel sauce)、番茄沙司(tomato sauce)、咖喱沙司(curry sauce)、色拉油沙司(mayonnaise sauce)、鞑靼沙司(tartar sauce)等等。那沙司便是英语sauce（酱料）的译音。除了在货架上，在西餐菜单上也可以看到。在行的西式餐馆常客，会在点上一份干煎鱼排后，叫来服务员："请多放点番茄沙司！"

和沙司相像的另一个外来语叫做"配司"，即英语paste的音译。配司也是指佐餐的酱料，一般来说，配司会比沙司更稠一些。有人分别把它们翻译成"酱"和"汁"，是比较传神的。但在使用上，paste的指向好像更加广泛。芝麻酱叫sesame paste，辣糊叫spicy paste，豆沙叫sweetbean paste，莲蓉叫lotus paste。这些酱、糊、沙、蓉都叫paste。

不知是英语词汇不够丰富，还是上海人太过顶真。一般适配性强的结果，就是容易被忽略或被替代。配司在上海话中没有沙司知名度高，当然更加没有被收入进现代汉语，也许与此有关。

舍味呢

舍味呢属精纺服装面料中的风格产品之一。色泽以灰色、咖啡色等混色为主，分毛面、光面和混纺舍味呢三种。具有呢面平整，光泽自然，柔软富有弹性，手感温暖，外观具均匀的夹花风格。适宜制作春秋男女西服、中山装及茄克衫等服装。

舍味呢源自英语cheviot。cheviot原指一种英国产的中长毛绵羊，中文翻作"切维厄特羊"，用这种羊毛制成的粗纺厚呢也用cheviot表示，音译成了"啥味呢"。

据资料显示，民国时期，上海就在国内率先形成了粗纺、精纺、绒线和驼绒四个基本生产体系；其中精纺产品中就有舍味呢。舍味呢在很长的一段时间里，一直是上海人视为高品质的衣料。王安忆在《长恨歌》

周旋

里描写严家师母时说:"严家师母在平常的日子,也描眉毛,抹口红,穿翠绿色的短夹袄,下面是舍味呢的西装裤。"在另一篇小说《闺中》里王安忆写道:"她小时候,母亲就将她往淑女里打扮,留长头发,挽起来,蝴蝶结系成一个垂臀的样子。穿织锦缎面装袖盘纽的骆驼毛棉袄,是母亲裁下的零头料做的。底下是母亲穿旧的舍味呢西裤,掉头翻身改制的长裤"。1957年5—6月间,上海《解放日报》、《文汇报》、《新民晚报》等报刊,在报道病中有了一些起色的周璇时,也对她的服饰特加留意:"周璇的脸上洋溢着愉快的浅笑。她的服装也很雅致整洁,白底黑色小方格的上装,衬着白底浅蓝格子的衬衫,浅灰舍味呢裤子,白袜,黑皮鞋。"优美经典的形象跃然纸上。

沙蟹

沙蟹也作梭哈,指一种颇为盛行的扑克牌赌博形式。

这种赌博,是看最后一张牌与已有的四张牌的组合,来决定胜负。五张牌中有一张是只有自己知道的暗牌,其余为逐一配发的明牌。参赌者每配发一张牌,都可以选择继续"跟",还是"派司"退出。整个过程对参与者的判断力和心理素质有较高要求,刺激性很大,赌资也会很高。因此,茅盾在其小说《过年》中说:"一个月的薪津还不够打一场沙蟹。"

沙蟹博弈在英语中通常讲作show your hand,即看手中最后一张牌。约近代以后传入上海,也被上海人简称作show hang,因为上海的洋泾浜英语一般不使用、或者省略掉属性词和副词。沙蟹就是show hang讹读的音译。

《上海掌故辞典》说:"沙蟹的配牌形式对上海扑克牌赌博和娱乐形式发生极大影响,如'罗宋'、'大怪路子'中的配牌方式,大多来源于沙蟹。"

另有一种比较勉强的说法,是说沙蟹的英语原形为sofar,意为竭其所有。说这一外来词和沪语惯用词"照沙蟹"不无关系。也算一家之言存此。

生发油买来卖去

这当属于20世纪30年代上海"洋泾浜英语"的遗风，就是用上海话口语，不太标准地标注英语发音，然后留下戏谑、搞笑的效果。

这个"生发油买来卖去"，当年属于下等平民学到和应用的洋泾浜英语，是英语Thank you very much（非常感谢你）的谐音。《上海都市民俗》中说："当时上海有相当一部分从事各种职业的市民都会讲几句洋泾浜英语。他们在表示对于别人的感谢时，便会说'生发油饭来麦去'。"这里的注音相对标准些，但不容易记，趣味和效果也差了些。钱乃荣先生在他的《沪语盘点》中也说："在下层群众中，流行了一些洋泾浜色彩浓郁的外来词和俗语，有的一直流传至今。如把'非常感谢你（Thank you very much）'说成'生发油买来卖去'。"

之后的80年代，"生发油买来卖去"又在学生、青年职工中间流传，一般在熟悉的人之间使用。该词语还被收录进1998年出版的《吴地俚言熟语》、2003年出版的《上海话流行语》和2007年出版的《上海话大词典》等书中。

生司

英语cents（分币）的音译，意为：硬币。生司使用时间并不很长。

清末民初徐珂编撰的《清稗类钞》记载说："铜生斯，即铜四开也，其源出于英文之cent，即一分也，值一分之铜币也。"写于1920年左右的《上海轶事大观》中也说："当初中国初行小银币时，人亦呼为生司，初行铜币时，呼为铜生司。生司二字亦即英语之cents也，惟生司之名今已无闻矣。"

上海海关打开、贸易开放后，西方货币便纷纷涌入。不论是商品买卖、价格换算,还是金融稽核,首先需要对各类币种有所称呼。为此就生成出了诸多专用词汇。

除了"生司"外,还有英国的"镑"(Pound)、"便士"(penny)、"先令"(shilling)、"新便士"(New Penny)、"克朗"(krone),美国的"大拉斯"(dollar),法国的"法郎"(franc)、"生丁"(centime),德国的"马克"(mark)、"芬尼"(Pfennig)等等。其中的绝大部分都是取自原文的读音,也有的,是随当时在上海影响最大的外国殖民者——英国的英语读音。例如:德国芬尼(Pfennig)按德语应读若"攀尼",而英语才读若"芬尼"。

近期在网上看到有人把上海话"瘟生"(冤大头)也算做外来语,说是源自英语one cent(一分)。这是勉强套用英语读音的结果,生搬硬造,全不靠谱。

萨克斯风

也叫"萨克斯管"或"萨克斯",是英语saxophone的音译。

萨克斯风属一种木管乐器,但是管体通常是用黄铜制造的,使得萨克斯管同时具有铜管类乐器的特性。从发声原理上来看,萨克斯风和同样使用单簧片的单簧管更接近,所以一般归类为木管乐器。萨克斯风是由一位叫阿道夫·萨克斯的比利时人,在1842年发明的。人们用发明者的姓氏,作为这一新乐器的名称。

老上海耳熟能详的萨克斯音乐包括:《我有一段

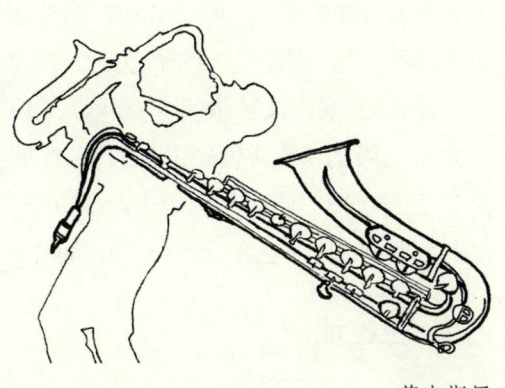

萨克斯风

情》、《给我一个吻》、《夜上海》、《月圆花好》等。上海作家程乃珊对萨克斯风情有独钟，在她2007年出版的《海上萨克斯风》的序言中这样写："萨克斯风的音色华丽中带点俏皮，柔情浪漫中不露声色地溢出一抹苍凉忧郁。像一位历经沧桑的、玩世不恭但仍保持翩然风度的老绅士"。

在萨克斯风问世仅仅44年之后的1886年，上海滩开始响起第一缕萨克斯风旋律。当时的中国海关总务司外国人赫德，在上海创造了中国历史上第一支西洋乐队，里面就有一支可能是中国五千年文明史上的第一把萨克斯风。

式老夫

1922年版的《上海指南·沪苏方言纪要》记载："式老夫。洋行所用，与跑街同。式读如"杀"，英文曰shroff。"

Shroff原意为钱币兑换商、钱币鉴定人。近代以后，上海逐渐发展为国际性商业城市，在流通中除了银两的成色需鉴定外，各国货币的真伪也须鉴别，且须按当日市价行情进行兑换。于是在银行或大公司，均配有专门鉴定和精通行情的雇员。1872年出版的《别琴竹枝词》中咏："照票权归杀老夫，可怜签字太模糊；东家不肯诺铅度，且待明朝毛六都。"其中杀老夫即式老夫，英语shroff。诺铅度即英语nocando，为cannot的洋泾浜语。毛六都是"都毛六"为押韵的颠倒，即英语tomorrow。

后来，式老夫又转指催账、索账人。1949年后，该词在沪语中消失。1998年出版的《吴文化知识丛书·吴地俚言熟语》中说：外来语"康白度"、"式老夫"等流传范围较窄，未能进入普通话；因环境变化，连现在上海话里也听不到了。诚如其说，而式老夫一词尤之。

色拉/色拉油

色拉是西餐中一种常见的凉拌菜，英语就叫做salad，用上海话发音就念成"色拉"。

过去经典的色拉,是用肉丁、土豆丁、豌豆等与蛋黄、色拉油调制而成的。老上海的新利查西餐馆,一只"红肠色拉"一度是客人有口皆碑的招牌菜。现在比较受欢迎的是用各式水果做成的水果色拉和用有机净菜做成的蔬菜色拉。

色拉油顾名思义就是调制色拉的专用油,英语为salad oil,是音译加意译形成的上海话外来语。色拉油是植物油经过脱酸、脱杂、脱磷、脱色和脱臭等工艺之后制成的食用油,气味清淡,色泽澄清透亮,加热不变色,无泡沫,很少有油烟。比较多见的有大豆色拉油、菜籽色拉油、葵花籽色拉油和米糠色拉油等。在过去物质匮乏的年代,上海人会用鸡蛋黄边搅拌边加入经熬炼后冷却的素油(主要是菜籽油),自制色拉油。

现在色拉品种已经越来越多,水果色拉、蔬菜色拉、海鲜色拉不一而足,调制色拉的酱料也品种繁多,千岛酱、塔塔酱、山葵酱等,超市都有现成,也不用自己动手了。

时髦/司麦脱

《现代汉语词典》对"时髦"的解释是"形容人的装饰衣着或其他事务新颖入时"。激进的网络定义说:"时髦,古代指一时的英才;现指短暂的时尚。"时髦所属的现代词,指的是非理智的与过流性的行为模式或行为模式的流传现象。1922年出版的胡祖德《沪谚》说:"当行出色曰时髦。"

时髦一词还被认为是从上海引入的外来语,是英语smart(合潮流的)的音译。《上海方言词典》、《上海话大词典》等不少专述上海方言的书籍将其纳入其间。

其实,早在门户开放、西方语言文化大量涌入之前,时髦就见诸古籍。《后汉书·顺帝纪赞》中说:"孝顺之初,时髦冗集。"注曰:"《尔雅》曰:髦,俊也。郭璞《注》曰:士中之俊,尤毛中之髦。"

是以旧翻新,迎合时代潮流,启用尘封古词而造就的形声意兼顾的翻译佳作?还是本就与外埠无涉,生拉硬扯,对自主文化的妄自菲薄?抑或只是语言上的一个巧合?留待高手评判。

此外,smart还有一个比较民间的译法,叫做"司麦脱"。这是另一例同一外语词汇用不同的上海话表达的例子。

民国时,司麦脱多在洋行、公司等的华人职员中使用,用来指女性的漂亮,有时也用来形容男士。2006年11月17日,畸笔叟先生有一篇微博《木心真是好白相》,讲到上海各行各业的生意经时说:"裁缝的嘴巴,那叫一个甜。如果你身材尚可,他就会量到哪里夸到哪里:'搭侬先生做衣裳,真开心,电影明星也唔没侬介司麦脱。'"

司麦脱后来被创办于1933年的上海新光内衣染织厂注册为衬衣商标,也是取其漂亮、时髦的意味。现在司麦脱一词还被许多厂商作为商标品牌在使用,只是已经不再限于衬衫,在上海,皮革、女鞋、电池、宾馆都有叫"司麦脱"的。

十三点

这是众所周知的经典沪骂用语之一,形容言语、行为不正常,不合常理。《上海闲话》中按沪语专家薛理勇的话说:"主要用于指女性的痴头怪脑、愚昧无知,如痴情、痴心、痴呆等。该词也多出自妇女之口,男子较少使用。"

在上海使用率很高的这个词语,对它的来源考证却莫衷一是,且都存疑点。

说是由"痴"字十三笔画而来——那怎么解释这个"点"?应该叫"十三画"或"十三笔"更合适。况且"痴"的繁体字"癡",也不是十三笔。

说是用钟表指针偏离正点借喻,那么指针对称的偏向也可以叫做"十一点"。

说和耶稣"最后的晚餐"上人数相关,又与实际使用中的意味相去甚远。

各种推断之外,人们开始留意其舶自海外的痕迹。有人提出:十三点源自英语hysteria(歇斯底里)。仔细琢磨,论音论意都有点似是而非。相比之下,倒是society(交际花)音意之间更加贴切。开埠之初的上海,传统眼光很难接受活跃在甚至只是出现在社交圈的女人。社会公众场合是男人们的专利,女性抛头露面必至点点戳戳。于是,用society的音译:"十三点"鄙夷称之。

此说虽属推测,并无力证,也可算作一解。列此备考。

香槟赛/香槟票

香槟赛和香槟票在上海话中主要是与过去赛马有关的名词。因为跑马冠军赛的冠军(champion)一词在英语里和香槟酒(champagne)的读音相同,恰好西方人习惯在比赛夺冠后开香槟酒庆祝,于是就把冠军赛称为"香槟赛"。

据《上海县续志》记载:西人赛马,春秋两次;每次三日,午起酉止。两次赛事都叫"香槟赛";其中秋季一场更称为"香槟大赛",以示规模更

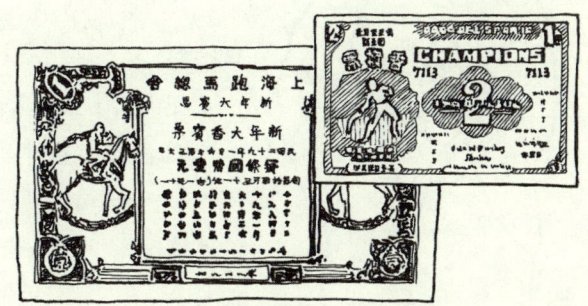

香槟票

大。比赛就是在著名的上海跑马厅举行。

刚开始的时候，赛马并无彩金，胜者仅获香槟一瓶。后来有了摇奖彩票，"香槟票"便是赛马赌博中彩票的一种。赛马成了赌博机器，赛马的种类也随之增多，有香槟赛、金樽赛、大皮赛、新马赛、马夫赛、余兴赛、拍卖赛等，名目繁多。当时上海流传这样的民谣："香槟票，到处有，吸尽了中国人的血，装满了跑马厅老板的腰包。"

之后，香槟票也出现在其他的赌博场所，例如古贝斯克球的香槟彩票。

捎

源于英语shoot，意为在球类运动中的投、掷、射球动作。篮球投篮叫做shoot a basket，足球射门叫做shoot a goal。

上海话中的这个"捎"，不念shāo，而是读作xiāo（同"肖"），是shoot的音译，且仅仅用于指篮球运动中的投球。用捎这个字来作shoot的音译借词，是有道理的。古代"捎"就读若"肖"。《说文解字》记载："捎，自关巳西，凡取物之上者为挢捎。从手肖声。""取物之上"就有个举手上扬的动作，和上篮投球多少有点相关。比有些书籍用"枭"、"消"、"嚣"等字注音要合理很多。

在口语中说"球一只也捎勿进"，是说一个球都没有投进。"看牢伊，覅拨伊捎球！"是叫球员看死他，不让他投篮。这里的"捎球"和乒乓球运动中的"削球"看似接近，但上海话的读音完全不同，而且使用场合、动作概念也大相径庭，一般是

捎球

不会混淆的。

篮球运动起源于美国,1896年前后通过上海基督教青年会传入上海。除了"掮球"之外,还有不少篮球运动术语以音译外来语方式,留在上海话中。包括"派司"(pass,传球)、"道勃儿"(double,两次运球)、"奥司开"(pause again,暂停)、"厄噎"(again,重来)等等。

销品茂

英语Shopping Mall的音译,即超大规模购物中心。

销品茂是指在一个毗邻的建筑群中,或一个大型建筑物中,由一个管理机构统一组织、协调和规划,把一系列的零售商店、

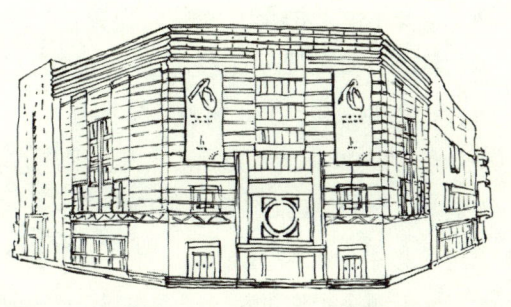

上海浦东正大广场

服务机构组织在一起,提供购物、休闲、娱乐、饮食等各种服务的一站式消费中心。销品茂不仅规模巨大,集合了百货店、超市、大卖场、专卖店、大型专业店等各种零售业态,而且有各式快餐店、小吃店和特色餐馆,电影院、儿童乐园、健身中心等各种休闲娱乐设施。另外,它还提供了百货店、大卖场无法提供的如漫步在长廊、广场、庭院般悠闲的购物享受。

销品茂发端于20世纪50年代的美国,现已成为欧美国家的主流零售业态。1993年,正当《正大综艺》在央视播出并风靡全国之时,中国第一家真正意义上的销品茂,在上海浦东新区开工。2002年10月18日,历经9年建设,总投资达5亿美元,总建筑面积达24万平方米的正大广场正式投入运营。从此,销品茂的概念走入千家万户。

小开司

小开司就是小意思、很容易、毛毛雨、小菜一碟的意思，用广东话来讲，就叫"湿湿水"。源于英语case一词。Case读若上海话的"开司"，原意是指事件、案例；加个"小"字，就意味着小事情、小问题。

上海人不像北方人那样喜欢大包大揽。但遇到能力范围可以解决，或有把握处置的事情时，也会表现得当仁不让，义不容辞。譬如，网上有评论"上海老克勒"的形象，说："他们有落落大方的绅士风度，不在小事上斤斤计较，遇到一些朋友或同事为难的事，常常一句很轻松的话：噢，小开司，交拨我办好了！交关事体对他来讲通通是小开司。"2003年8月15日《人民日报》华东地区版形容某发达地区："这里差不多家家都是百万刚起步，千万财富也是小开司。"表达的也是这种不足挂齿的意境。

这个源出上海的外来语，在日常生活中很有用，以至于打开网络可以看到全国各地的网民都在表达小开司。显摆越野车的说自己的车爬坡是小开司，展示厨艺的说煮饭是手到擒来的小开司，股民朋友说对付中线还不是小开司？成功塑身者说一个礼拜瘦个3千克简直是小开司，连莘莘学子也在说，到了中考就知道平常小考是小开司了！

新桑歌

这也是一个源出上海滩，结果却只保存在英文中的沪语外来语。

近代以后，进入上海的外国人发现，上海有些风月女子与他们国家的妓女或广东的"咸水妹"不一样。她们一般不卖身，而只是以陪客聊天、弹唱演曲为主要服务方式。接近于西方的歌女舞女。于是，那些洋人不称其harlot（妓女），而把她们叫作sing-song-girl（唱歌女），上海话音译过来，叫做"新桑歌"。

在旧上海,歌女在很长时间里,都曾是一个颇为引人注目的题材。中国第一部由张石川执导、胡蝶主演的有声电影,就叫做《歌女红牡丹》。该影片是1931年3月15日在上海新光大戏院首映的。此外,还有那个金嗓子周璇,被称作"天涯歌女"。

中国的歌女被赋予洋名,然后又拿着用汉字标注的洋名广为传播,足见当年那些歌伎老板甚至买办、捐客自我轻贱的奴相。清代同治年间的《别琴竹枝词》中有一首词说:"葛二好司(girlhouse)乃家奴,新桑(singsong)一曲调琵琶。局钱别篆克司等(custom),诚脱而蛮(gentlemen)即大爷。"其中的"新桑"便是新桑歌一词的简称。

称上海歌女为新桑歌的这个词汇,在20世纪下半叶逐渐消失,但sing-song-girl却仍然留在今天的英语中,其解释也被曲解为:解放前的上海妓女。

雪茄

雪茄也叫雪茄烟,属于香烟的一类,由干燥及经过发酵的烟草卷制而成。

雪茄译自英语cigar(雪茄烟)。其实,雪茄的原文并不是英文,拼法也不是cigar,而是来自玛雅文sikar,是抽烟的意思。西方人相信,最早种植烟草的是美洲原住民。1492年哥伦布发现美洲新大陆,在与当地土著首领交流时闻到他手执长烟管里

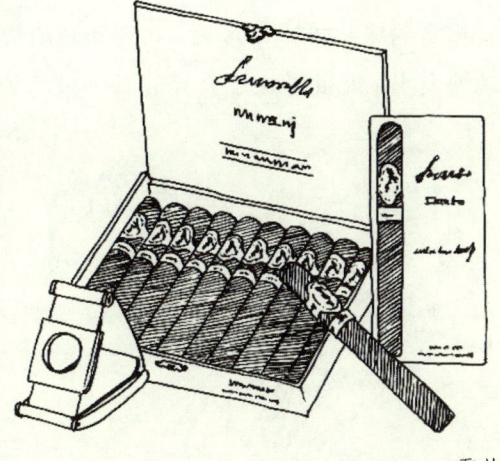

雪茄

溢出的浓郁雪茄烟味，问那是什么？翻译却误译为在做什么。对方回答："sikar"。这就成了雪茄的名字。

雪茄由美洲大陆进入到欧洲后，玛雅文的称谓被拉丁语按其发音称为cigarro，后来逐渐才演变为cigar。

有一个关于雪茄的美丽传说，称泰戈尔1924年访华，徐志摩负责接待。两位才子一起抽cigar，吞云吐雾。末了泰戈尔问徐志摩有没有给雪茄起个中文名？徐志摩才情泉涌，答曰："Cigar之燃灰白如雪，cigar之烟草卷如茄，就叫雪茄吧！"故事虽然浪漫动人，但也有人提出质疑。说那1905年连载完的《官场现形记》里早就有了雪茄字样。于是一段命名佳话，变成了虚构杜撰的笑谈。

席梦思

席梦思就是弹簧床垫。

1900年，由美国人扎尔蒙·吉尔伯特·席梦思（Zalmon Gilbert Simmons）发明制作。当初他是个卖家具的商人，听到顾客抱怨床板太硬，睡在上面不舒服，于是动起了发明软床垫的脑筋。第一只用布包着弹簧的床垫推上市场后，立刻受到消费者好评。1925年，席梦思成功地发明了能批量生产独立袋装弹簧床垫的机器，人们用发明人的姓Simmons作为这种新式床垫的名称。因此，席梦思就是发明人姓氏的上海话音译。

1935年，席梦思在上海杨树浦路设立了工厂。席梦思首次进入中国市场，并且在此后短短几年内享誉全中国。直到现在，席梦思依然盛销不衰。

席梦思发明者扎尔蒙·吉尔伯特·席梦思

曾经有人较真地纠正说：席梦思不是简单的弹簧床垫的代名词，是一个改写了人类睡眠体验的美国百年传奇品牌！其实，一个人的名字可以变为商标、品牌，变为一种商品的代称，应该是更加值得骄傲和自豪的事情。

哈／哈夫

小时候，小朋友之间要分享些什么东西，都会说"哈一点"，"哈我一半"。那意思就是分一点或分一半给我。这个"哈"和"哈夫"一样，都来自英语词half的音译，是"一半"或"部分"的意思。只是前者作动词用，"部分"的含义多些；而后者可以用作动词也可以用作名词，"平分"、"对半"的意义更强些。

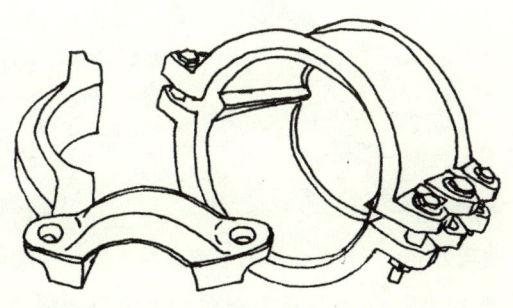

哈夫

哈夫作名词时，用在机械零件上的情况较多，是指能够环抱成一个整体的两个对称部件，例如："哈夫螺母"、"哈夫模具"、"哈夫连接"、"凡尔哈夫"等。许多工人师傅或生产厂商直到现在还在用它。

过去，哈夫也曾用来特指二分之一元面值的货币。这时的"哈夫"，翻译过来就叫做"对开洋钿"。

哈夫作动词时，我们可以说："两家头哈夫"，意思是两个人对半分。2013年5月网络上有人给哈夫造句："搿只店面市头勿错，我看盘下来哇！资金阿拉两家头'哈付'（资金咱两一人一半）。"这里就有平摊、均担的意思。

好莱坞

好莱坞是英语Hollywood的音译。

美国好莱坞标识及拍摄的著名电影

好莱坞最初只是一个地名,位于美国加利福尼亚州洛杉矶市市区西北郊。大约在20世纪初,摄影师寻找外景地时,发现这里有明媚的自然风光、充足的光线和适宜的气候,是拍摄电影的天然场所。之后,便逐渐发展成世界闻名的电影城,并一度成为美国电影制片中心,Hollywood在无形中已经成为美国电影的代名词。

上海是中国电影的发源地。1896年8月11日,上海徐园内的"又一村"开全国之先河,第一次放映"西洋影戏"。这时离电影的诞生也不过一年。1929年4月,好莱坞的第一部有声片《爵士歌者》就来到了上海。好莱坞这个词也随之引进上海。同年,上海乍浦路新建的"好莱坞大戏院"开幕,这个旧时的见证后来数度更名,1949年改称胜利电影院。"文革"后,曾经的好莱坞大戏院改成了咖啡馆等服务场所,便难再寻到旧日踪迹。

然而好莱坞这个最先作为上海方言传出去的外来语,现在已被普通话接受并和其制作的《卡萨布兰卡》、《教父》等经典电影一起,成为家喻户晓的专用名词。

黑漆板凳

黑漆板凳其实跟板凳没有任何关系,它是英语husband(丈夫)的洋泾浜语翻译，算是一种不太准确的、带有戏谑意味的音译词。钱乃荣说，这词造是挺洋泾浜加有趣的。

1935年出版的《上海俗语图说》罗列的240句上海俗语中，就有黑漆板凳一条。巴金的著名小说《家》在描写许倩如剪掉头发后挖苦同学时说："我不像你们日日夜夜都在梦想嫁一个如意的'黑漆板凳'。这个有表哥啦，那个有表弟啦，那个又有什么干哥哥啦。"

以黑漆板凳称呼丈夫，在上海人的潜意识中，还是另有含义的。那就是西方文明人道习俗，潜移默化了上海丈夫陈旧的当家观念。他们非但开始注意尊重妇女、儿童，摈弃打老婆、打孩子的粗俗行为，甚至还心甘情愿当"小板凳"，温文尔雅、谦谦君子地让妻儿安坐甚至垫脚，琐琐碎碎地经营那些平凡的岁月。也许上海男人"怕老婆"、"海派好男人"的名声，也是自此发端的吧。

原来以为这是个已经渐渐落入历史档案中的旧词，却不料它依然为现代人所钟情。2005年，生于上海的高建中以"黑漆板凳"为名，出版了一本叫做《倾听词心》的词曲专著。2011年上海作家淳子、伟立写的介绍上海人衣、食、住、行、玩各种生活状况的书籍《上海格调》中，专门有一章节就叫做"黑漆板凳上的幸福生活"。时至今日，居然仍有包括北方人在内的许多人，用黑漆板凳作为自己的网名或博客名，发表宏论。

也许，黑漆板凳除了戏谑，还反映了人们更深的思考，代表着一种更广的理念。

荷兰水

荷兰水即汽水。从日文中引进，日文为オランダソーダ。

17世纪后期，日本遭荷兰入侵，荷兰文化和生活习惯遂对日本产生了较大影响。不少从荷兰引入日本的产品都被冠以"荷兰"字样。汽水也因此被叫做"荷兰汽水"或"荷兰水"。

约19世纪80年代前后，汽水从欧洲和日本传入上海。作为一种当年奢侈高档的饮料，上海人也跟着叫它"荷兰水"。晚清旅沪文人葛元煦在《沪游杂记》里写道："夏令有嗬兰水、柠檬水，系以机器贯水与汽入瓶中。开时，其塞爆出，慎防弹中面目。随倒随饮，解暑气，体虚人不宜常饮。"这嗬兰水，便是荷兰水。

至于在上海最早生产荷兰水的，有说是正广和公司，也有说是上海惠华汽水厂。当然，影响较大的无疑是上海正广和汽水。《上海民间故事选》中，有一段描写工人罢工的情形："毛利斯请我们坐沙发，又端荷兰水，又敬白锡包香烟，可是工人代表碰也不碰。"余秋雨在他的《行者无疆》中，还专门有一篇散文，题目就叫做《荷兰水》。文中借河西老太想喝荷兰水的故事，生动描述了作家故乡的风土人情。

咸水妹

指旧上海那些以接待外轮水手、外国人为主的广东籍妓女。

《上海都市民俗》说："咸水妹原为广东女子，专做外国水手生意。为了更好地与外国水手们接触交往，她们也经常要学几句洋泾浜英语，籍以应付周旋。"诸多早期文集也均有记载。1883年出版的《淞南梦影录》中说："粤东蜑妓专接泰西冠盖者，谓之'咸水妹'。"更早在清代同光年间任上海知县的陈其元，在其《庸闲斋笔记》中也已提到咸水妹。清末民初的《清稗类钞》记载："咸水妹，西人呼妓曰咸飞司妹，华人效之，于接应西人之粤妓简称之曰咸水妹，然有时亦接本国人，惟不能使与西人相遇耳。"后来也用咸水妹泛指码头、街边的低档妓女。

只是对该词的来源，述说不一。薛理勇先生曾考证过清末吴趼人将咸水妹与香港、与咸味的海水相关联的不可信。然而，依然有人据之把咸水妹写作"盐水妹"。1999年由上海辞书出版社出版的《上海掌故辞典》，将英语handsome maid(美女)作为其源说之一。大华烈士《西北东南风》中也有咸水妹条,云:"闻马寅初博士云,上海之咸水妹,初不知其命名之意义。后闻熟悉上海掌故之某外国人云:当外人初至上海时,目睹此辈妓女,誉之曰handsome,积久,遂译音为咸水妹云。"不过,英语handsome不当用于女性,个中蹊跷定另有缘故。

华夫饼干/华夫饼

在上海的食品商店里,一种表面呈方格状的饼干常会标有"华夫饼干"或者"威化饼干"两种名称。原因是它们都是由英语Wafer(华夫饼干)一词翻译过来的。按上海话读音,写作"华夫",按北方话或普通话的读音,则写作"威化"。

而华夫饼干与华夫饼则是两个概念。之所以被称为华夫饼干,是因为它的表面带有华夫饼特有的菱形或方形格。而华夫饼(Waffle)是一种烤饼,源于比利时,用配有专用烤盘的烤炉制成。烤盘上下两面呈菱形或方形的格子状,一凹一凸,把倒进去的面糊压出格子来。

华夫饼在西方国家很受民众欢迎,通常搭配草莓酱、巧克力、糖、蜂蜜或者奶油等,既可以作为点心也可以当早餐。根据其读音或形状,也有把华夫饼叫做窝夫、格子饼、格仔饼、压花蛋饼的。

在英语里,这种蜂窝状的格子就称为华夫格(walfchecks)。华夫格也是一种经典图案,多被设计人员用在纺织物的经纬纱织或其他图案中。

有时,也把waffle和wafer一起作为华夫饼干或华夫饼的英语原形。

华夫饼和华夫烤盘

华司

英语单词washer的音译。Washer在英语里的基本释义是"垫圈"和"洗衣机"。

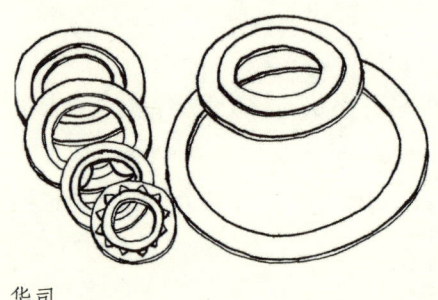

华司

由于历史时期的不同,这个词被有选择地予以翻译引用。中国改革开放以前,一般人根本不知道洗衣机为何物。因此,刚刚传到上海时,它只解释为垫圈。指一种垫在被连接件与螺母之间的零配件。其作用是保护被连接件的表面不受螺母擦伤,分散螺母对被连接件的压力。

华司一般为扁平形的金属环,按照需要,可以用塑料、橡胶、尼龙等材料。但是垫圈不是垫片。垫片的英语是gasket,指那种放在两个平面物体之间的机械密封物件,可以是、但不一定是圆环形。

现在的工人称垫圈为"华司"的很少了。washer也多被译为洗衣机。有个叫常林石的在网上写回忆录说:"与上海的其他老师傅一样,张师傅满口浦东腔洋术语,叫垫圈为'华司',叫锥度为'泰博'。还经常说话中带着口头语'拉司克'如何如何,意即最后怎样。"那也不过是回忆历史而已。

华尔兹

源自英语waltz,指华尔兹舞,或华尔兹舞曲。waltz一词最初来自古德文Walzer,意思是滚动、旋转或滑动。

华尔兹舞是一种国际标准交谊舞,根据速度分化为快慢两种,快华尔兹也称为维也纳华尔兹。快慢两种华尔兹都以旋转为主,因此也叫

"圆舞",华尔兹舞曲也可以叫做圆舞曲。

据考证,早在上海开埠7年之后的1850年,在英租界就有了第一次交际舞会。1864在公共租界中的英国总会里,有了上海最早的舞厅。只是这都局限于在华外国人之间。第一家上海人自己的舞厅,是1893年在张叔和建造的"张氏味莼园"里落成的。

与华尔兹一起传入上海的,还有慢四步"布鲁斯"(Blues)、快四步"快步舞"(QuickStep)、中四步"狐步舞"(Foxtrot)、"探戈"(Tango)、水兵舞"吉特巴"(Jitterbug),以及之后的拉丁舞伦巴(Rumba)、恰恰(Cha-Cha-Cha)、牛仔舞(Jive)、桑巴舞(Samba)等。这些交谊舞的名称,有音译,有意译,许多也是源自上海话。

20世纪三四十年代,上海交谊舞进入鼎盛期,已有舞厅百家之多,最著名的是百乐门、大都会、仙乐斯、丽都四大舞厅。据《上海旧事》记载:"当时从南京路、林森路以至虹口,舞艺传习所有二十多家。""普通班授布鲁斯、华尔兹、狐步等,学费20元;高级班授探戈、伦巴、康加等,学费30万元。"新中国初期,华尔兹等交谊舞在我国很流行,"文革"期间一度中止,80年代后又重新为人们所接受。

红头阿三／开泼度

红头阿三对如今年轻人来说,可能是个陌生的名词,但对上了年岁的老上海来说却是非常熟悉的。那是指旧上海整天都可以在街头看见的印籍巡捕,简称"印捕"。他们充任交通警、巡逻警或看守警。

印捕通常都是印度的锡克族人,身高马大,满脸虬须,还头缠红巾。

红头阿三

"红头"即由此而来。但据《上海俗语图说》介绍:"其实印度人不一定包红头的,他们初到上海包头布的颜色,青黄赤白黑,五花八门,各色俱全,须等他们吃了巡捕房饭,才一律包起红头来。"见解略有不同。此外,据说印度人说话有口头禅,常说"I say, I say"(也有说其口头禅为"I see, I see"),上海人谐其音便称他们为"阿三"。

1935年版《上海研究资料》,说:"印捕到上海,倘从1884年算起,也有51年历史,他们的'红头'却依然如故。不过现在都俗称'阿三'罢了。"因为这段历史和传说,红头阿三也不妨看作曾经的上海话外来语。

红头阿三还有个别称叫"开泼度",流传没有那么广。那是英语keep door(看门人)的音译,正宗的外来语。因为他们在租界不论干什么活,都被上海人看作是为英帝国主义服务,是英国人的看门人。

和keep door相类似,但意思绝对分开的是goal keeper(足球守门员),上海人称作"搞尔"

米达/米厘

都知道"米"是通用的公制长度单位,但上海还有一种称呼,叫"米达"。例如说"相隔半米达",就是相距五十厘米;"拿把米达尺",就是拿一把区别于市尺的米制尺。这是英语meter或法语mètre的音译。和进入21世纪后,随韩剧风行而流传开来的朝鲜语"思密达",是毫无关系的。

和米达相对应,上海话中还有一个长度单位叫做"米厘",译自英语milli或millimetre,那是毫米的意思。引入时的原形字是"粴",为早先汉语中少见的双音节音译汉字之一。和米达的读音不同,这个米厘的米字,只读作入声,近似上海话"蜜"。《上海话流行语》中即写作"密力"。米厘的使用,要比米达更加广泛。除了作为长度单位外,"一米厘"还形容很少一点,"推扳一米厘",意即差了一点儿。20世纪六七十年代,上海部分年轻人还用它代指一分钱的人民币。

西方国家的度量衡制刚刚引入中国上海时,大多都直接用它们的音译作为汉语翻译借词的依据。如:"加仑"(gallon)、"品脱"(pint)、等。随着国际性通用度量衡公制的推广,或随着汉字规范化的发展,这些假借词有些逐渐被收录为标准汉语词汇,如:"吨"(ton)、"盎司"(ounce)。有些则逐渐退出、消失,如:"吋"(inch,读作"英寸",也是双音节音译汉字)。还有介于这两者中间的一些外来语,则保留在了上海话等方言中,如:"码"(mile)和这里的"米达"、"米厘"。

米高梅

米高梅是美国著名的电影制作和发行公司,因其成功拍摄的《乱世佳人》、《007系列》等影片,一直是美国影片的代名词。而米高梅这个中文名称,却是从上海叫出去的。

1925年,美国梅耶影片公司合并了"米特罗"、"高德温"两家公司后,改称Metro-Goldwyn-Mayer Co.Ltd.。1930年,该公司在上海设立中国公司,随即,以中文各取其英语名Metro-Goldwyn-Mayer的第一个字母读音的方法,把它叫做"米高梅"。该公司进入上海后,就收购大华大戏院作为专映剧场,并与多家影戏院签订首轮或二轮放映合同。1945年后该公司购进西藏路地块建造"米高梅舞厅"。1946年还在上海创办了中英文本

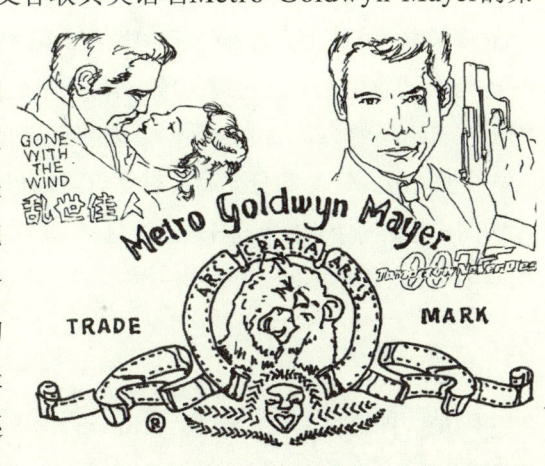

美国米高梅电影公司标识及出品的著名电影

《米高梅影讯》。可见,至晚从1930年起,"米高梅"就是上海电影爱好者耳熟能详的名词。

2010年底,这个米高梅再次成为上海人热议的话题。但和它历史上每一次的辉煌不同,这一年的11月3日,由于近年来一直没有推出成功的影片,加上积欠了40亿美元的债务,拥有86年历史的米高梅影业宣布破产。

姆姆

英语系基督教国家尊称老年修女为mama,就是妈妈的意思。

基督教认为,教徒之间是亲人,而且神职人员是要尊敬对待的。修女是神职人员,在人间世界的神的仆人,所以尊称为mama。普通话用汉语固有名词"嬷嬷"作为音译,嬷嬷同时也解释为:母亲、老妇、乳母。上海话则音译为"姆姆",虽然也有写作嬷嬷的,但读音都是mumu,而不是普通话的momo。

吴学昭著的《听杨绛谈往事》中讲到启明女校——杨绛先生少时在上海所读的一所专为非教徒建立的著名女子学塾,"校长和许多位老师都是修女,称为'姆姆'。"20世纪30年代的上海作家穆时英在他《圣处女的感情》中也写道:"她们每天早晨站在姆姆面前请早安,让姆姆按着她们的头慈蔼地叫她们亲爱的小宝贝。"

此外,姆姆还是部分上海人对姑母或姨母的称呼。沈寂在由戴敦邦绘图的《老上海小百姓》一书中,回忆自己的身世时说:"我大姨——我们叫她姆姆,很早出嫁。"

码

码是一种速度单位,来自英文mile的音译,北京话译作"迈"。指每小时走过的英里数。2014年9月24日上海《申江服务导报》有篇报道说:

"作为一个驾驶员,在80码甚至100码的车速时一旦看到前方有物体首先想到的是踩刹车和变道,稍有不慎就会发生碰擦或追尾甚至重大的连环相撞事故。"其实,现在汽车路码表早已换成世界通用的公里(千米)计量了,而英里与公里并不相同(1公里=1609.344米),但许多上海人还习惯把每小时多少公里读作多少码。报道中的80码和100码,应该是指每小时80和100千米。

此外,码还是英、美及其殖民地国家中比较常用的长度计量单位。对应的是英语词yard;属于意译词。1码=3英尺=36英寸=1/1760英里=0.9144米。

旧时上海的公共租界虽非殖民地,但作为英美在中国最大的商品销售地,早期也采用这个计量单位。至于上海话为什么用"码"这个字,也许和同样作为计量用具的"砝码"和"筹码"有关。这个计量长度的码,现在上海话口语中偶尔还留有实际意义,主要是足球比赛中的12码(球),即点球;以及24码(线),即足球场大禁区线。

猛扪

上海方言中有些词语,看字面无从推断其由来。所谓事出有因,查无实据。于是有人就从外埠舶来的方向,考证相关出处。

猛扪一词音近"马门",在上海话中表示不近人情、蛮横、蛮不讲理。传统沪剧《阿必大》:"你这个女人真猛扪!""倘然猛扪不肯放人,勿客气我毒夹剪今朝去收作这只雌老虎。"《海上花列传》第四四回:"黄二姐道:'罗老爷说得勿差,我也勿是定归要俚三千。翠凤自家先说个多花猛扪闲话,我阿好说俀?'"字里行间,语境了然。

沪语专家薛理勇在其《上海闲话》中说:"该词只有方言音读而无实字,故又写作猛门、猛闷、买门等。词义出典未见著录。可能是英语mammon的'洋泾浜语'。Mammon原义为视作罪恶渊薮的金钱或财富,在基督教《圣经》中作为贪婪之神,或为金钱而无视道德传统的约束。"就是说,上海方言"猛扪"可能也是外来词汇。竟属然否,存此备考。

美孚灯

美孚灯指19世纪末,美国美孚石油公司推向上海市场的一种煤油灯,原文是Mobillamp。美孚灯前半段是美孚石油公司名Mobil的音译,后半段是lamp(灯)的意译。

当时,上海人还在普遍使用棉纱渗豆油的照明方式,美孚灯作为一种新颖的照明用具,比豆油灯先进多了。明亮的灯罩可以挡风,不会像其它油灯那样跳动而炫目;机关灯头能调节灯芯的高低控制亮度。因此受到追求时尚的上海人的欢迎。许多美孚灯还被用作室内装饰与家具上的点缀。

此外,为推销煤油,美孚公司还采用了赠送美孚灯及灯罩等的营销手段。这样,无论寻常百姓家还是深闺豪宅,便都有了它的身影。2007年第6期《雨花》刊有一篇名为"一只美孚灯灯罩"的文章,其中写道:"母亲喜爱小巧玲珑的东西,大概她是苏州人的缘故。一切小的东西,都能令她心生喜悦。美孚灯有灯罩,灯罩能防风,能聚光,能防止熏烟乱散。美孚灯玻璃灯罩'苗条',通体透明,像个静止状态的青虾。她是光明和温暖的守护神。"

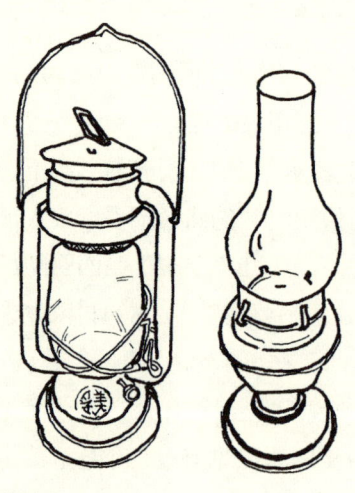

美孚灯

漫画

漫画一词作为上海话的外来语是

有条件的。即：作为一种绘画类型的名称，自日本引入和在中国的使用，始于上海。因为该词早在宋代典籍中就已经出现，当时是指一种水鸟。南宋洪万在《瀛莫间二禽》一文中记曰："类鹜，奔走水上，不闲腐草泥沙，喙喙然必尽索

葛饰北斋和他的漫画

乃已，无一息少休，名曰'漫画'。"这个"漫画"我们今天称之为鹭鹜。

18世纪，日本文人铃木焕乡受唐宋传来的中国文化影响，出版了一本木刻板图书，其中的笔法和记叙的内容，几乎与《瀛莫间二禽》如出一辙，并且因为喜欢"漫画"鸟的名称和性格，将此图书取名为《漫画随笔》。此时，漫画一词虽然还是主要指水鸟，但其内涵已有拓展，带上了生动、随意的意味。

到了19世纪，日本江户时代著名的"浮世绘"风俗画家葛饰北斋，便用漫画一词，命名其夸张变形、用笔随意、表现城乡风俗生活的特色绘画。1814年，《北斋漫画》问世，漫画正式成为了一个绘画品种的名称。之后，这个赋有全新含义的汉语词汇再传回上海。即所谓的"出口转内销"。

1904年，上海的《警钟时报》上，开始辟设"时事漫画"专栏，这是中国最早用漫画一词来表示该画种。等到被人称为开先河者丰子恺的《子恺漫画》在上海出版，已是1925年的事情了。

摩登

摩登是时髦、现代、合乎流行样式、不同于过去等意思。源自英语 modern（现代）的音译。摩登在上海话里主要用来形容人。解释是：A person who advocates or practices a departure from traditional styles or values.（一个在观念和行为上与传统的风格和价值观相背离人）。

摩登与同是沪语外来语的时髦的区别，主要在于时髦多指外表，而摩登除了外表还指内在观念。老舍在《四世同堂》中说："她的服装与头发脸面的修饰都还是摩登的，没有受娼妓们的影响。"这是指装束和行为的。茅盾在《劫后拾遗》中写道："王先生，你这话就不大摩登了。这年头儿，识时务者为俊杰。"这是指思想和言语。戴云云《上海小姐》里评论张爱玲说："摩登女子速朽的多，而张爱玲这个摩登才女却是不朽的。"

美国电影《摩登时代》的电影广告

"摩登"一词曾经十分流行。1933年，由田汉编剧，卜万苍导演，金焰、阮玲玉主演的一部电影，就叫做《三个摩登女性》。卓别林《摩登时代》（Modern Times）在上海的成功上演，让"摩登"更加普及。

《画说老上海》对当年上海摩登女的形容是："她们大都出身名门，毕业于教会女子中学，受过西方文化教育，热衷西方生活方式，经常在霞飞路的白俄咖啡馆内喝咖啡、听音乐，看好莱坞电影，购买高级时装。她们喜欢新鲜事物，自行车一问世，她们就争相骑自行车逛街，她们住在花园洋房里，过着养尊处优的生活。"号称上海交际名媛的胡玉兰，在《真正摩登女子》一文中，也专门列过数条标准，但现今摩登的使用率已明显少于时髦。

马达

英语motor（电动机）的音译，也叫做发动机。

一般人们将以燃料能量转化为机械能量的发动机称为引擎（engine）；而将以电能、流体动能、压缩空气等内能转化为机械能

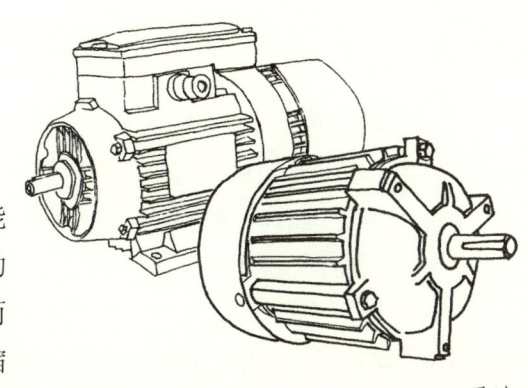

马达

的发动机称为马达（motor）或电动机。当然，也有两者相混的情况，特别是在早期。清末民初的《清稗类钞》谈到上海方言时说："自海通以来，不仅本国各地方之语均集于上海一隅，即外国语之混入我国语者，亦复不少，例如刚白度之为买办，密司脱之为先生，引擎马达之为电气用品。"

马达电动机的种类很多，但其基本结构，主要由定子和转子所构成。定子在空间中静止不动，转子则可绕轴转动，由轴承支撑。定子与转子绕上线圈，通上电流产生磁场，就成为电磁铁。1835年，美国一位铁匠达文波制作了世界上第一台能驱动小电车的应用马达。

马达一词很早就被收入汉语普通话，但对比motor的读音，它显然是由上海话翻译过来的。

此外，motor还有一种我们熟悉的音译，叫做"摩托"。这时，motor已不仅仅是一架机器，而是一辆可以运行的车辆。有意思的是，英语motor后面加上car（车），泛指汽车，而上海话摩托后面加车，则专指两轮或三轮由汽油机驱动的车子。英语里面表示我们所指的摩托车，不是motor而是另一个词：motorcycle，而上海话中摩托决不泛指摩托车之外的汽车。

马口铁

"马口铁"是两面镀有锡的铁皮,即冷轧低碳薄钢板,又叫镀锡铁。主要用于食品包装铁盒、罐的生产。因为马口铁将钢的强度和成型性与锡的耐蚀性、锡焊性和美观的外表结合于一种材料之中,具有耐腐蚀、无毒、强度高、延展性好的特性。

早在14世纪,波希米亚就开始生产马口铁,主要用来制造餐具和水杯。1800年,英国人制造了长期保存食物的马口铁罐,1847年,美国人发明了制罐机器,从此马口铁的需求不断扩展。出生在上海青浦的清代作家陆士谔,在他的小说《新上海》中描写仲芬责备学生意弄湿了她的水烟丝:"你为甚不放放好?放在马口铁筒里,猫儿那里会弄得湿?"可见,迟至清代中下叶,马口铁就在上海出现了。

马口铁的英文缩写为SPTE,即steel plate tin electrolytic(镀锡钢板),也有称tin plate(洋铁)的,无论是音是意,与上海话马口铁都相去甚远。有人认为,第一批镀锡板是于清代中叶自澳门进口的,而澳门的英语名为Macao,读若"马口",所以就有了马口铁之称。以此为据,也许严格地说,马口铁只是本国地名的借用词。

模子

模子一词,上海人用得很普遍,有时也写作"码子"。无论读音和词义,典出英语moulds是毫无疑义的。

Moulds在英语中有多重解释,对应到上海话里,也都差不多。

首先是其基本含义,解释为模型、模具、模板。英语和上海话都可以由此引申指某一种类型的人。上海话中的"模子"类型包括性格类型,如:"寿头模子"、"小刁模子"、"赤佬模子"等。以及职业类型,如:"扫青模子"、"跑当模子"、"打桩模子"等,其间贬义的更多些。

其次是表示人的气质、品格，多用作褒义。如说某某人"是模子"，是说此人好样的、够汉子、是个人物。说"侬是模子伐？"就是希望你表现得像个男子汉，有点像英语"Act like a men"。

还有一种解释是指人的体格、身胚、个头。讲"大模子"，是指体型较大的人，讲"配模子"，即为进行体格较量，就是打架、干仗的意思。

吗啡

吗啡是鸦片中的主要生物碱，是从割罂粟的蒴果收集的生鸦或者从罂粟杆中提取的。在医学上，它一直被视为解除剧痛最有效的传统的止痛药。但是，吗啡最大的缺点是具有成瘾性，所以它同时又是一种毒品。

1806年，德国化学家弗雷德里克·泽尔蒂纳（Fredrick Serturner）成功分离出了吗啡。因为在他亲自体验的过程中，曾产生过一种想入非非、如梦如幻的感觉。于是，就将此以希腊睡梦之神摩耳甫斯（Morpheus）的名字，用德语命名为Morphium。"吗啡"就是Morphium的音译。吗啡在战争期间，为减轻伤兵的疼痛，起过重要作用。鸦片在16世纪中期经阿拉伯传入中国，吗啡作为麻醉剂和镇静剂，大约在19世纪中期被引入。吗啡的英语是Morphine，这个词的英语或德语发音，都没有"mǎ"，只有"mo"，而上海话刚好把吗读作"mo"，因此，认为吗啡是上海话的外来语是有理由的。

马赛克

马赛克也叫镶嵌砖，译自英语mosaic。

和吗啡的读音一样，上海话的"马"字读若"mo"，和mosaic的首音节契合。因此，该词译自上海是显而易见的。

Mosaic在英语中作为名词解释时比较费劲：A picture or

pattern produced by arranging together small colored pieces of hard material,such as stone, tile, orglass, 意思是"一种由石材、瓷砖或玻璃等硬质材料的彩色小片排列在一起所构成的图案或装饰面"。比较简单的说法是：用镶嵌方式拼接而成的细致装饰。

马赛克的建筑专业名词为锦砖，最早是用黏土烧制成的小型瓷砖，后来也用玻璃和石材。多为方形或六角形，可镶砌成各种图案。在上海，起初多见用于厕所、浴室、厨房、走廊等处，现在也用作壁画、外墙等其他装饰之用。《上海研究资料》中介绍1935年刚建成的上海市游泳池时说："池身用钢筋混合土构造，池底及池边铺白色马赛克。"

近来，"马赛克"又有了个新的含义，是指一种影像处理方法。当影视、照片等出现不合时宜或较为敏感的影像时，采取技术处理方法，使画面中不适合清晰出现的物体模糊化。2014年10月22日新华网报道说："央视首曝辽宁舰内部管路，多处都打了马赛克。"

麻林堂

这是一种曾经比较流行的儿童游戏，也叫做"马铃铛"、"马利打"。

麻林堂游戏传自国外，有一个很长的名称叫做"London Bridge is falling down"（伦敦桥要倒了）。游戏时孩子们一起列队穿过由两个孩子互搭手臂形成的一道桥拱，嘴里齐唱和游戏名称一样的一首儿歌："London Bridge is falling down"。儿歌唱完时，两个举着双臂的孩子会放下手扣住最后经过的那个人。麻林堂就是游戏名和儿歌中falling down（倒塌）的音译。

在国外，"London Bridge is falling down非常知名，是英美等国人士从孩童时代就耳熟能详的儿歌。它来自一本叫做《鹅妈妈童谣集》（Mother Goose）的英国著名民间童谣集。儿歌中最常用的句子是：

London Bridge is fallin gdown,
Falling down, Fallin gdown.
London Bridge is falling down,
My fair lady.

(伦敦桥要塌下来,塌下来,塌下来。伦敦桥要塌下来,我的小女孩。)

20世纪五六十年代,上海的孩子们在幼儿园或弄堂里,都会玩这种游戏。大多数时候,翻译成中文的儿歌歌词都有改编,但这个标志性的"麻林堂"却一直是儿歌的主要内容,在歌里重复出现。因此,也理所当然地成为了儿歌和游戏的名称。

英国《鹅妈妈童谣集》的封面

蒙太奇

蒙太奇是法语montage音译的外来语,原为建筑学术语,意为构成、装配。经常用于多种艺术领域,后来才成为了电影语言,指的就是剪辑,而非一个长镜头到底。通过蒙太奇手段,电影的叙述在时间空间的运用上,取得极大的自由。使影片能自如地交替使用叙述的角度,或通过镜头更迭运动的节奏,影响观众的心理。

上海是中国电影事业的发祥地,早年许多电影界的"中国第一"都是在上海诞生的。如最早放映的电影、导演的第一部短故事片、第一个电影制片公司、第一所电影学校、第一部电影教材等。许多与电影有关的外来词语,自然也与上海有关。如:"开麦拉"(camera,摄影机)、"拷贝"(copy,电影正片)、"好莱坞"(Hollywood,美国电影制片中心)、"米高梅"(Metro-Goldwyn-Mayer,美国电公司影)甚至导演

（director）一词，也是上海嘉定人陆洁1922年在《影戏杂志》发表的文章中首先使用的。蒙太奇在1924年吴江人徐卓呆译著的中国最早的电影理论专著《影戏学》中就有提到。

此外，无论是法语还是英语的montage，该词的第二个音节都更接近上海话，读若"tā"，如果用普通话注音，则应该写作"他"而不是"太"。

麦克风

麦克风，学名为传声器，由英语microphone（送话器）翻译而来，也称话筒，微音器。

麦克风是将声音信号转换为电信号的能量转换器件。分类有动圈式、电容式、驻极体和最近新兴的硅微传声器，此外还有液体传声器和激光传声器。大多数麦克风都是驻极体电容器麦克风，其的工作原理是利用具有永久电荷隔离的聚合材料振动膜。

麦克风的历史可以追溯到19世纪末，电话发明者亚历山大·格拉汉姆·贝尔等科学家，在致力于寻找更好的拾取声音办法的同时，发明了液体麦克风和碳粒麦克风。20世纪，麦克风由最初通过电阻转换声电发展为电感、电容式转换，大量新的麦克风技术得以逐渐发展起来。

虽然microphone早就有了话筒、传声器等对应的汉语名词，但麦克风还是被频繁使用，并且使用范围远远超出了上海一隅。人民网在报道

麦克风

2014年11月在北京召开的APEC会议时，专门有一篇说《APEC会场高科技麦克风》："今年的麦克风设备上专门设置一个功能键，按下后将自动安排与会代表在发言系统中'排队'，保证会议发言的有序进行。桌面上，还特地摆放了麦克风设备的使用说明书。"

麦克麦克

上海话说"麦克麦克"，就是数量多多、数不胜数的意思，而且基本上都用来形容钱财。"钞票麦克麦克"，"袋袋里麦克麦克银洋钿"。《金陵春梦》第二十二回："革命成功，我既不能大吃大喝，狂嫖滥赌，又不能麦克麦克，成为财主。"

都认为这个词是来源于英语much（多），于是问题来了。首先，much不念"麦克"，上海话发音应该记作"麦趣"。其次英语much没有叠用的情况，表示非常多只说very much，不说much much，而上海话又从不会单说"麦克"，谁说"铜钿麦克"是要被人笑话的。源自much大受怀疑，起码是像有些学者所说"发音纯粹属于误读"。

另有人认为其源自英语mark（标志），细想一下，好像也属勉强。

倒是有读音和"麦克麦克"完全相同的另一个英语词：muckamuck，意思是大亨，有势力的大人物。大亨当然拥有钱财无数，搭上大亨自然可以赚钱多多。因此，有理由认为muckamuck才是该词源头。

当然，源出何处不甚了了，并不妨碍"麦克麦克"一直被上海人使用至今。

麦淇淋

麦淇淋是从英语margarine翻译而来的，意思就是人造黄油。

麦淇淋是将从植物种子中提取的油，经过氢化，降低不饱和度，成为固态的脂肪，再加入香精，而制成的外观、味道都很像黄油的人造黄油。

麦淇淋蛋糕

麦淇淋在19世纪中期,由法国人美奇·摩利士研制成功。人们用希腊语中珍珠的名称"麦淇拉特"(μαργαρων)的译音,给人造奶油取了一个动听的名字——margarine。英国女王维多利亚甚至将发明麦淇淋的7月17日,定为"麦淇淋生日"。

麦淇淋的价格要比黄油低,还易于保存。传入上海后,在20世纪七八十年代"麦淇淋蛋糕"曾是市场新宠。但其味道毕竟不如天然黄油香醇,熔点略低,做出来的奶油蛋糕缺乏上海人所追求的"挺括感"。因此不久之后就不再那么受欢迎。

麦淇淋现在一般只用来做起酥的裹入油,以至于英语的起酥油也就直接叫做oleo margarine。

此外,麦淇淋还一度成为虚假、非正式、冒牌的代名词。如说某某改革是"麦淇淋式的改革"、某某人是"麦淇淋式的马克思主义者"等。

麦丽素

麦丽素最早的出处是英语Maltesers。

Maltesers应该译作"麦提莎"。1936年,出品著名的M&M巧克力的玛氏食品家族成员、美国人弗瑞斯特·玛氏发明了麦提莎。这是一种里面充满真空微孔像蜂窝状的麦芽球、外面包裹着巧克力的食品。常见的配料包括:白砂糖、全脂奶粉、代可可脂、可可粉、可可脂、乳清粉、麦芽糊精、麦精、食用香精等。麦提莎最早被称为"能量球",是为想要减肥的女性设计的。

20世纪七八十年代,上海外贸申港食品厂下属的梁丰食品厂生产出了这种麦提莎,并且将这种糖果取名为Mylikes(英语意为:我的爱好),而"麦丽素"据说是Mylikes不太标准的中文谐音。因此,说麦丽素是介于原品麦提莎和自产品Mylikes之间似是而非的外来语,似乎更加合适。

麦丽素

应该说,这种仿制在商业上很成功,麦丽素因其口味独特、价格便宜,加上那时类似的零食还不很多,迅速为上海人所热捧。许多新人结婚的喜糖,都是用的麦丽素。以至于数十年后的今天,不少人保留着对麦丽素的美好回忆。2014年6月16日《新闻晨报》刊登的《老字号的美食故事——记沪上食品号码店"第一食品"》一文写道:"第一食品已成为时代年轮上的清晰刻画。大白兔奶糖、福字牌麦乳精、梅林午餐肉、麦丽素等,都是上海人挥之不去的美味记忆。"

麦尔登

一种坚实而光滑、品质较高的粗纺毛织物,因首先在英国麦尔登莫布雷(Melton Mowbray)地方生产而得名,也称作"麦尔登呢"。

这种叫做麦尔登的厚呢料,大多用进口羊毛或国产一级羊毛,混以少量精纺短毛织成。其表面细洁平整、身骨挺实、富有弹性。有细密的绒毛覆盖织物底纹,耐磨性好,不起球,不露底,保暖性好并有抗水防风的特点。麦尔登以匹染素色为主,适宜做冬令套装、上装、裤子、长短大衣及鞋帽面料。中国人民解放军五五式军衔服装中的校官服,用的就是纯毛麦尔登呢。麦尔登按成品的单位质量分为薄地麦尔登和厚地麦尔登两种;按织纹组织的不同,还可以分为平纹麦尔登、斜纹麦尔登和变化组织麦尔登等三种。

麦尔登一直都是上海人眼中的高档衣料。2006年7月26日《上海时装报》有篇记者的回忆录说:"记者在当时的企业里担任中层干部,社交活动增多,有些场合穿普通的中山装显得不够档次,于是花了60多元买了一件深蓝色麦尔登呢中山装,绝对是奢侈品。"这件"麦尔登呢中山装",直到1984年上海男人流行穿西服、夹克时才正式"退休"。

密司/密司脱

20世纪初叶,随着新文化运动和五四运动的兴起,一些西方事物和西方观念被大量引入。那些激进和追求时尚的人们,对相互间的日常称呼也发生了变化。称小姐为"密司",称先生为"密司脱",虽然写法五花八门,但都是英语Miss(小姐)和Mr.(mister,先生)的音译。

1873年间,上海《申报》连载了杨少坪百首调侃"洋泾浜"英语的《别琴竹枝词》,其中有一首是:"小娘子与某先生,密四(miss)高高叫几声。不管三七二十一,密虽(mistress)密四(miss)不分清。"1932年出版的《上海风土杂记》中记载:"上海新时代的女子不喜人称小姐,以为小姐太过古式,太过贵族化,喜欢人家称'密丝'。"巴金小说《家》中,也有当时称小姐为密司的记录:"一个瘦脸的同学挤进了这个圈子。她在学校里喜欢活动,而且年纪最大,同学们给她起了一个'老密斯'的绰号。"仅这些例子中,密司的写法就有密四、密丝、密斯。

巴金

密司脱也可以找到不同写法：2001出版的《上海文化通史·语言》里说："上海人以带洋派情调为荣，上海话也就常常夹带一些洋人词语。如先生要称'密斯脱'。"穆时英在小说《夜总会里的五个人》中写道："一个侍者跑来道：'密司脱约翰先生，电话'。"连记录上海20世纪90年代发展实况的《上海时空变奏》一书中，还在使用这个"密斯特"。

奶昔

奶昔译自英语milk shake，是半音半意的外来语，意思是牛奶冰淇淋。

奶昔原意指一种用牛奶制成并加有调味香料的饮料，调制时会有搅拌、摇晃的过程，因此出现shake（摇动）一词。milk shake的英语解释是：A cold drink made of milk, a sweet flavoring such as fruit or chocolate, and typically ice cream, whisked until it is frothy(牛奶制作的、加有水果或巧克力、并搅拌产生出泡沫的香甜冰淇淋冷饮)。

奶昔首先出现在欧洲，主要有机制奶昔和手摇奶昔两种，都是把冰淇淋搅拌或摇动到起泡为止。一般都是在快餐店、冷食店出售。店里的奶昔机现做现卖，顾客现买现饮。

奶昔原来主要以水果及巧克力口味为主，例如草莓、香蕉、芒果等。近期美法一项研究结果显示，奶昔中所特有的营养元素能有效帮助早期老年痴呆症患者提高记忆力。于是，市场上的休闲饮品便加入了养生的概念，什么紫薯奶昔、大豆蛋白奶昔、营养奶昔、瘦身奶昔等纷纷出笼。

拿摩温

还是来自英语半音半意的翻译，原文是number one（第一），或者No.1（一号）。多指旧时上海工厂里的工头，且多指纱厂欺压女工的女工头。

小说《上海的早晨》里说："秦妈妈自己买了一块花布旗袍料,送给细纱间的拿摩温。"《繁花》里说："大妹妹的娘,旧社会做过一年半的拿摩温。"2010年出版的《画说老上海》,索性把拿摩温画成一个蛮婆模样。说："资本家为榨取工人血汗,制订了名目繁多的规章禁律,拿摩温就是这些残酷制度的执行人。拿摩温不仅是资本家的帮凶,而且还是直接剥削工人的吸血鬼。"瞿秋白写过一首诗歌,其中有一句是:"拿摩温好比无常鬼,打骂工人呒道理。"夏衍写的报告文学《包身工》里,也有拿摩温的身影。总之,在上海话里,工头拿摩温就是凶狠歹毒、残忍丑陋的形象。

拿摩温还有别的解释。解释为"第一"、"一流"、"头等",都是跟着英语number one的原意。

比较有趣的是上海人把青蛙的幼虫蝌蚪,也叫做拿摩温。估计是某种巧合,因为实在看不出"第一"和"蝌蚪"之间的关系。

霓虹灯

霓虹灯是一种特殊的低气压冷阴极辉光放电发光的电光源,专业名称叫氖光灯。它是靠充入玻璃管内的低压惰性气体,在高压电场下冷阴极辉光放电而发光的。在LED灯普及之前,霓虹灯曾经是户外广告的主要形式之一。除了商业价值,它还可以为城市夜幕增加色彩和动感。

霓虹灯来自欧洲,法语叫éclairage au néon,英语叫neon light,霓虹灯是它们的译音加意译。

《霓虹灯下的哨兵》连环画封面

然而，在汉语中，霓：原意是指一种自然现象，指云在天空中呈现出五颜六色的光彩，也叫副虹。虹：原意也是一种自然现象，就是七色彩虹。所以用"霓虹"这两种美丽的东西作为这种灯的译名，在意境上也是十分贴切的。

霓虹灯问世于1910年的法国，最早由比利时人于1926年引入上海。1928年，葡萄牙人在上海开办的"丽耀霓虹灯厂"，是中国最早的霓虹灯厂。鼎盛时，安远路霓虹灯一条街在全国都颇负盛名。1962年，脍炙人口的话剧《霓虹灯下的哨兵》，以上海"南京路上好八连"事迹为题材，更使霓虹灯成为南京路、成为上海的象征。2013年10月登陆央视的电视剧《风云之十里洋场》，也是以旗袍、长衫、霓虹灯，为最具特征的旧时上海元素。

牛轧糖

一种由牛奶、砂糖、淀粉、糖浆、蛋白质、花生、油等混合制成的糖果，可以分为软硬两种，是糖果门类中最重要的支系之一，广受人们欢迎。

钱乃荣先生在"上海方言中的外来词"一文中，把牛轧糖作为上海话中不够稳定的外来词语的典型："外来词有些在写法上不够稳定，如一种叫nougat的奶糖，在20世纪50年代的包糖纸上还有"牛轧"、"鸟结"、"纽结"三种写法。"

但是对于牛轧糖的来历却各有各说。一说是

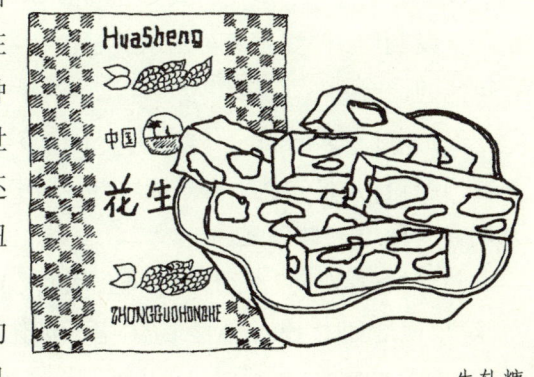

牛轧糖

在1441年在意大利克雷莫纳发明的，另有一说是起源于法国，因为英语nougat来源于法语nougat（奶油或杏仁花生糖），还有说是中国人首创的。

其实，按各种说法的时间推断，还真能找出个有说服力的脉络来：中国明朝举人商辂于明正统年间（1436—1449）因梦中灵感，用麦芽糖、花生、米等制成牛模样的糖果食品。其后，由最早打开中西直接联系的意大利传教士将此带至西方，于是有了意大利发明之说。再后来，因为路易十五（1710—1774）的钟情，经法国人改良配方的牛轧糖便风行欧洲皇室，所以又有了法国起源说。最终再次由上海法租界回到中国，又是一宗出口转内销的神奇美谈。

柠檬/柠檬辰光

柠檬源自英语lemon（柠檬）的音译。它是公认的、比较典型的利用汉语形声造字法翻译过来的外来语。以"宁"、"蒙"表其读音，以木字偏旁表其词义，使人一见便知这柠檬是种植物。

柠檬原产马来西亚、印度等地，含有丰富的维生素C及其他人体需要的元素，据说是世界上最有药用价值的水果之一。18世纪中叶，英国医生林德在治疗远洋水手常见的坏血病时，发现柠檬具有奇效，随之被开发利用。柠檬跟着英国水手辗转到上海港，进入本地语言是完全可能的。

但是，和芒果（mango）、葡萄（grapes）、可可（cocoa）等许多词汇一样，说柠檬是最先从上海登陆后再传播出去的，似乎缺乏证据。而且从读音上看，也有些勉强。

关于"柠檬时间"，这是2003年出版的《上海话流行语》收录的沪语外来语。说是旧时用来指体育比赛中暂短的休息时间，因为运动员会在这小憩期间喝柠檬水。柠檬时间是从英语lemon time半音半意翻译过来的。

如果能证明柠檬出自沪语,那这个柠檬时间的出典会更为可信。

罗宋

罗宋是英语Russian(俄国)的音译,是旧时上海人对俄国的称呼。

俄国"十月革命"后,不少逃亡到中国的俄国人来到上海,聚居在虹桥路、塘子泾、霞飞路、四川路等地区,被称作"罗宋人"或"白俄"。他们带来了许多具有俄罗斯浓重地方特色的物品,其中的许多,也就一直留在了上海方言中。

除了流传最广的罗宋大餐、罗宋汤外,那种麸皮含量较高、两头尖窄呈梭子状的"罗宋面包",也在上海人心中留下深刻印象,以至于频频出现在各时期作家的笔下。张爱玲钟情于老大昌的罗宋面包,陈丹燕有对在宝大西餐馆吃罗宋面包的深情回忆,薛舒则喜欢凯司令的罗宋面包。

还有罗宋帽,一种保暖性能特好的男式冬帽。用双层骆驼绒制作,帽墙成三翻式,把帽墙翻下,前面脸部只露出一蛋形圆孔,甚至可以只露出两个眼睛,耳朵、后脑、脖子等都可罩去。防寒保暖,尤为老年人所喜爱,因此也称老头帽、风雪帽。

此外,还有一种扑克的玩法叫"罗宋牌"、俄制羊毛毯叫"罗宋毯",称在上海的俄国穷流浪汉为"罗宋瘪三",把做工还不错且价格便宜的西装叫"罗宋西装"等。

罗宋大餐

罗宋就是英语Russian(俄国)的音译,大餐也叫"大菜",

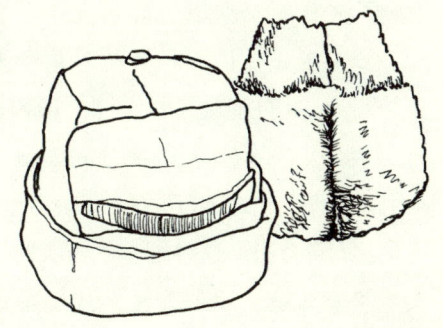

罗宋帽

是上海话中对西餐的称呼。这样上海人就把俄式西餐叫做"罗宋大餐"。

"十月革命"时期大批俄国人辗转流落到上海之后,便带来了俄式的西餐。据说,不算参杂西式菜肴的饭店以及不对外营业的外商总会餐室,上海第一家西菜社就是俄国人开的。即1926年,俄侨劳客金可在霞飞路开设的劳客金可西餐社。到了20世纪20年代末,上海全市有俄式菜馆四十余家。

罗宋大餐在上海人印象中的特点是:价格便宜,礼仪讲究不多,制作也不太复杂,还颇对上海人的胃口。董乐山在《旧上海的西餐馆》一文中回忆:"有一家较高级的罗宋大餐馆开在霞飞路,名字叫巴拉拉卡,里面还有个花园。不过国人常指的罗宋大餐馆不是这一家,而是巴黎大戏院门口西首的东华。六只角子一客,罗宋面包尽你吃饱,还有一份浇了奶油的红菜牛肉汤和一盘正餐。"

除了罗宋汤和罗宋面包外,罗宋大餐常见的特色主食还有酸黄瓜、冷酸鱼、俄式烤鱼、黄油鸡卷、鱼子酱、牛肉饼等。

罗宋汤

罗宋汤还是来自英语Russian(俄国)的音译,加了一个"汤"字,便点出了这个外来语的归类。

罗宋汤是在俄国和波兰等东欧国家处处可见的一种羹汤,主要成分是甜菜,此外通常还加有圆白菜和土豆等其他蔬菜,有的里边还会有肉,其做法更是不拘一格。这种汤既可以在冬天热喝,又可以在夏天里冷用。一般在吃之前,要在罗宋汤上面点缀一点泡沫状的酸奶油和莳萝香菜。又酸又甜是这种羹汤的一大特点。

罗宋汤是从罗宋大餐俄式红菜汤演变而来。因其价廉物美,营养丰富,比其他简便西餐更早为沪上人家所接受,成为上海人的家常汤菜。在上海渐渐形成了酸中带甜、甜中飘香、肥而不腻、鲜滑爽口的特有风味。

上海人并非只是吃西餐时食用罗宋汤，学校、单位、家庭以及中式菜馆都能见到各种已具海派特色的罗宋汤。有人还将上海常见的罗宋汤分为"饭店派"、"食堂派"、"家庭派"等各种流派和分支。上海人做罗宋汤的常规主料是：牛腩、番茄酱、番茄、胡萝卜、卷心菜、洋葱和土豆，也有用红肠或午餐肉代替牛腩的。辅料包括：黄油、盐、柠檬汁、白糖、生姜、红酒、面粉和胡椒粉等。

罗曼蒂克/浪漫史

来源分别是英文romantic（激情的）和romance（恋爱故事），两个词的词根都是Rome（罗马）。罗曼蒂克也被写作"浪漫蒂克"。

中世纪基督教欧洲的德国人和英国人认为罗马和罗曼语系的西班牙人、意大利人等，具有一种异教、异域、异国情调的味道；而且他们似乎生性多情、放荡，多愁善感。因此，romantic原意是"罗马人的"，后来便引申出浪漫、多情、爱情、激情等的意思来。德语roman还有小说的意思，即"虚构的、不真实的故事"之意。

18世纪晚期至19世纪初期，欧洲的浪漫主义运动随着许多艺术家、诗人、作家、音乐家以及政治家、哲学家的思想和作品传播，也影响到了远在东方的中国人。罗曼蒂克一词，应是五四时期传入中国。在上海话中，罗曼蒂克就是浪漫、富有诗意、充满幻想的意思，浪漫史更是义、音都与原文romance契合。

始终一口地道上海话的宋庆龄，向《西行漫记》作者斯诺谈到她与孙中山的婚姻时说："我当时爱上他，并不是出于少女罗曼蒂克的念头，虽然这是一个好念头；我想为拯救中国出力。"善用沪语的鲁迅先生在《二心集·对于左翼作家联盟的意见》中也提到罗曼蒂克："对于革命抱着浪漫谛克的幻想的人，一和革命接近，一到革命进行，便容易失望。"

拉司克

拉司克也写作"拉斯卡"、"拉司卡"、"赖斯卡"，译自英语last car，意为末班车或最后一辆车。

但在上海话中，拉司克的含义有所延伸或转移，可以解释为：最后、末尾的、最后一个。易中天说："比如一个人上班开会总是最后一个到，便会被叫做拉司卡。"2006年4月30日网络上有个老上海解释说："last car上海人只取其'最后'的意思，如说'拉司卡一块洋钿'、'只剩拉司卡一个人'，分别表示最后一块钱、只剩最后一个人。"2012年，网络上有篇署名"那尼"、题为《踏黄鱼车倒蛮老鬼个》的文章说："我啃子啃子踏到楼下，搭仔小姑娘，一夹一夹个搬上五层楼，汗淌淌滴，还要一只一只叠好，拉司克乃煤饼夹子放辣黄鱼车浪，再踏到煤饼店里还脱，迭桩事体才算大功告成。"其中的拉司克也是表示最后的意思。

前一段看到有人以为last car是最后一张牌、最新款的车、上次那辆车的意思，甚至以为是"fast car"（飚车）的误读，这些如果不是以讹传讹，起码都和上海话中的拉司克没什么关系。

垃三/搓垃三

垃三也有写作"赖三"、"拉赛"，这是出现于20世纪六七十年代的上海俗语，指作风轻佻、生活不检点的青年女子。常和"流氓"一词对应使用，以区别男女。

该词的源出为英语词lassie。1998年出版的《吴地俚言熟语》说："'赖三'（lassie）又译作'拉赛'，指不正派的女青年，常为贬义。"Lassie在英语里解释为：姑娘、少女、恋人、情侣，本无贬义。但垃三出现在上海的那个年代，人们的思想比较激进和偏执，恋人、情侣的概念都与不健康、不正面联系在一起。少男、少女的称呼也显得不合潮流。于是好端端的一个词语，也变成了贬义词。程乃珊的《双城之恋》里说：当时"上海人有一种错觉，以为但凡某某路上一枝花必是垃三，其实非也。"

同样，"搓垃三"本意即追女孩。上海著名媒体人郑健曾在微博中写道："夜里没事体到人民广场去搓垃三，曾是1966年上海男孩之时尚。"只因当时世俗认为，公开让人追的不是好女孩，所以，和垃三属于贬义词一样，搓垃三也是一种不良行为。

来脱米西西

这是个多闻于口语却鲜见于书面的外来词语，其实是用戏谑的方式，表示让我见识见识、让我瞧瞧。其原形是英语let me see（让我看看）。

钱乃荣先生把它写成"来米西一西"，归其入洋泾浜语。因为不管是"西西"还是"西一西"，都是用上海话记录，音译外语语音，再套用汉语动词重叠格式的习惯语法。而这种"使用英语词汇，以汉语语法为主，语音上受上海话影响"，且其语音、词汇和语法的全面简化和杂糅的语言现象，正是洋泾浜语的特征。

像这样的表述，在上海人的口中还可以听到："拨侬眼color西西"（给你点颜色看看）、"让伊西一西"（让他看一看，同时有让他去死的意味）、"哈夫哈夫"（利益均分）、"翘梯翘梯"（请喝茶）等。

大部分洋泾浜语随着英语教学逐渐普及，慢慢消失了，但"来脱米西西"因其所含有的戏谑成分，在20世纪90年代开始，又流行于部分上海人中。

蕾丝

蕾丝是英语lace（花边）的音译，特指一种透孔的织品。

蕾丝最早出现在美国。与中国一些钩制或刺绣的传统花边不同，它是按照一定的图案用丝线或纱线由手工编织而成的。制作时需要把丝线绕在一只只的小梭上，每只梭只有拇指大小。一个不太复杂的图案需要几十只或近百只这样的小梭，再大一些的图案则需要几百只小梭。制作时把图案放在下面，根据图案采用不同的编、结、绕等手法来制作。因编结的手法因人而异，早期的蕾丝作品一般都是一个人独立完成的，所以每一款蕾丝都是独一无二的。

这种蕾丝深受欧美贵族的青睐，多用在女装特别是晚礼服和婚纱上。《上海小姐》一书中说，中外女装"都用了大量的点缀物，外国女人用的是纱质的蕾丝和裙带，中国女人用的是丝绸和滚边"。

19世纪和20世纪初期，蕾丝在上海普及开来，徐家汇地区一度是个蕾丝镂空花边的重要加工区。受当时天主教的影响，那里的家庭几乎都是一个个蕾丝花边的加工车间。蕾丝一词由此推广成为上海人所熟悉的外来语，蕾丝花边也逐渐走入普通百姓家庭。张爱玲的《倾城之恋》中说："浴室里的墙上贴了一块有黄渍的旧白蕾丝茶托。"程乃珊说，上海人无论住在多么逼仄的屋子里，照样花心思搞得满屋子花木扶疏，五十块钱买来的茶几上，铺着手工精致的蕾丝茶巾。说的都是这种情形。

张爱玲

来苏儿

也称"来沙尔",译自英语lysol,指一种消毒剂。来苏儿的学名叫甲酚皂溶液(saponated cresol solution)。Lysol的英语注释是:A disinfectant consisting of a mixture of cresols and soft soap(一种由甲酚和软皂的混合而成的消毒剂)。

来苏儿过去是医院的常备品,一般用于手、医疗器械、环境消毒及处理排泄物。来苏儿对皮肤、黏膜有强烈刺激和腐蚀作用,口服微量即可致人死命。因此,正在退出市场,逐渐被其他广谱且毒副作用较小的产品所取代。

筱丹桂

来苏儿在上海话中,常与一些不幸的事件联系在一起。1945年,号称民国奇案的"酱园弄杀人分尸惨案"的主角詹周氏,就是在服来苏儿自杀不成、万念俱焚的情况下,成为轰动上海的弑夫凶手。1947年,红遍上海滩的一代越剧名伶筱丹桂,写下"做人难,难做人,死了"八个字后,在家中自杀,她喝的也是来苏儿。1968年"文革"期间,中国著名的经济学家顾准的妻子汪璧也喝下了这个来苏儿。

来令/来令片

上海人把自行车的刹车片叫做来令或来令片,这是英语lining的音译。lining的原义是指衬里、衬套、套筒、衬垫等,用在车辆刹车上,就是刹车片。

自行车刹车的工作原理主要是来自摩擦,利用刹车片与刹车碟(或

自行车的来令片

刹车鼓）及轮胎与地面的摩擦,将车辆行进的动能转换成摩擦后的热能,将车子停下来,镶在摩擦面上的衬片就是来令片。在自行车的制动系统中,来令片是最关键的安全零件之一,刹车效果的好坏都是由来令片决定的。

  自行车的刹车片最早见于1907年的纽约国际汽车展,至今已经经过了多个发展阶段。而早在1868年,上海就首次出现了由欧洲运来几辆两脚蹬地前行的自行车。那时只是作为业余消遣的娱乐性代步工具,还没有刹车一说。1885年后,英商怡和、德商禅臣、法商礼康等洋行将自行车及零件列为"五金杂货类"输入上海。1900年前后,上海已有惠民、曹顺泰等六七家车行,销售人力车、马车及自行车零配件,以卖带修。因此,来令片被发明后,应该是同步进入上海的。

  现在,来令片作为刹车片的外来语,已经超出了自行车的使用范围,还可以用于摩托车、汽车以及其他机器设备。例如在《冲床保养常识》中,有"离刹间隙及来令片磨耗量之测试点检与必要调整"一条。另据新闻网报道:2009年台湾马英九乘搭的专机因右主轮煞车盘过热,导致来令片及轮胎损伤热熔并冒烟起火,让马英九虚惊一场。可见,来令片也用于飞机。

烂糊面

  烂糊面在上海话中的原始解释是:煮烂了的面条。这个烂糊面也是上海人吃面条的一种吃法。就是把面条煮得烂烂的,带有一定的糊状,但却又要烂而不黏,糊而不焦,看似简单却非常吃功夫。考究点的烂糊面,里面有青菜、肉丝、虾仁、鸭肫干碎粒、茭白碎粒等不少辅料,味道鲜美。

日本电影《望乡》的广告

烂糊面扯上外来语是因为一部电影。20世纪80年代,有一部在中国影响广泛的日本电影,叫《望乡》。电影讲述一批日本女子被日本军国主义强征为军妓。日军战败后,她们仍然留在南洋为妓。为接待美军士兵,她们口中常讲love me(爱我)。因当时许多人英语读音不准,把love me读如沪语烂糊面。上海话中遂有该语。那时常用于男子与女子开玩笑,如"请你吃烂糊面",就暗示"请你爱我"。

现在上海滩本邦饭店里的烂糊面依然大行其道,但却鲜有人把它与love me联系在一起了。

老克腊

老克腊也写作"老克拉",主要是指涉事颇深、经典雅致、会吃会玩的老资格上海人。其来源自然和克腊(color)、克拉斯(class)都有关系。

2007年11月11日《青年报》刊登吴明新的文章,说老克腊是多种词义的合成,指收入较高、消费前卫、打扮摩登、有绅士风度的老年白领。它是由三个读音相近的

老克腊

英语组成的：一是carat（克拉），二是colour（色彩），三是classics（经典）。薛理勇先生在《上海闲话碎语》中说："'老克拉'一词兴起于20世纪六七十年代初，是上海话中使用率较高的方言词汇。"《新民晚报》上，曾经有过多篇讲解、表述"老克腊"的文章。包括钱乃荣先生的《再谈"老克腊"》、程乃珊的《上海滩上老克腊》、钱勤的《什么"老克腊"？》等，都对老克腊做了详尽、生动的描写。

此外，还有人专门论述过女性老克腊。2004年1月18日新浪伊人风采有篇名为《老派淑女，时髦外婆的前世今生》的文章，说："老克腊里的女人，另有温煦的称呼，比如'时髦外婆'。那些婆婆，满头银发一丝不苟地烫成松软文静的细卷儿，恰到好处地蓬松起来，娟秀知性，温存妩媚，让人心生尊敬。"甚至还有把老克腊年轻化的表述："年轻克勒们追捧休闲早餐慢生活。"（2014年10月23日《新民晚报》）

当然，也有人认为，老克腊出现时，中国正处于自然灾害的不稳定期，他们以各种方式宣扬旧社会上层阶级的生活方式和黑道中的规矩、作案手法，是一种有负面色彩的"精于其道"之人。

有人还把老克腊与"老冶客"混为一谈。这是不准确的。"冶客"自冶游、野游而来，最早见于宋代编辑的《乐府诗集》，后来专指嫖妓。冶游宴饮、冶游之作、微服冶游、涉嫌冶游等说的都是嫖妓。蒋介石《戒色日记》中也有"晚，又作冶游"的记录。冶游之客即是"冶客"，由此，老冶客也不难理解。这是地道的汉语词汇。胡根喜的《老上海》一书，专门列有"老冶客"的章节，盖已说明详尽。其实许多对老克拉过于负面的定论，和这种理解的混淆是有很大关系的。

老虎天窗

老虎天窗也称"老虎窗"，是上海石库门民居的重要标志之一。上海人利用石库门住宅二楼层高较高的特点，在屋顶的斜坡面上建造形似小屋的屋顶窗。这样，就使二层与屋顶之间，形成了可资利用的阁楼空间，即石库门的"三层阁"。还有人认为，那是上海开埠后，来上海居住的外国人带来的英国式的建筑，主要是为了增加采光和通风。

老虎天窗

有人说，那屋顶窗的形状像老虎张开的大嘴，因而得名。其实，该词是音译加定义结构的沪语外来语。英语中屋顶叫roof，音近上海话"老虎"，老虎天窗就是源自于此。有意思的是，英语中原本有屋顶天窗一词：dormer。上海人因为roof音译的原因把"老虎"和"天窗"联在了一起，英语也顺此把dormer翻译成包括安装屋顶窗整个突出结构的老虎天窗（《21世纪大英汉词典》）。

近年来，上海市政府推行新村民房"平改坡"工程。许多平顶楼房，也参照旧式石库门的样式，在加盖的斜屋顶上增设老虎天窗。一来便于通风，二来也将石库门的美感元素，融入进了现代沪上人家。王安忆的《长恨歌》里这样形容："晨曦一点一点亮起，灯光一点一点熄灭。先是有薄薄的雾，光是平直的光，勾出轮廓，细工笔似的。最先跳出来的是老式弄堂房顶的老虎天窗，它们在晨雾里有一种精致乖巧的模样，那木框窗扇是细雕细做的；那屋披上的瓦是细工细排的；窗台上花盆里的月季花也是细心细养的。"自此，老虎天窗被赋予了一种新的生命。

腊克

腊克是英语lacquer（油漆）的音译，特指硝基清漆也称喷漆或清喷漆，一种透明粘稠的液体，是硝化纤维素、树脂和增塑剂在挥发性有机溶剂、稀释剂中的溶液。

1998年出版的《吴地俚言熟语》一书中说，腊克、泡力水都是装设上光材料，因翻译时找不到对应的术语，只得借音书写，其实已兼顾词义。

这种被称作腊克的硝基清漆干燥迅速、易成膜快、漆膜坚硬、耐磨性强、色感美观、质感均匀、有较强的耐化学侵蚀的能力。多用于古建筑高级装修，硬木家具等。中国涂料网在介绍中国木器漆的使用历史时，这样说："在城镇，一般木制品是以油性凡立水涂饰表面，只有少数用于高级卧房家具时，才采用在虫胶底漆上涂覆硝基清漆，再加水沙、擦蜡、抛光的腊克涂饰工艺。"

一打

"打"来源于英语dozen，英国的度量衡单位，dozen的完整音译是"打臣"。1922年出版的胡祖德的《沪谚》解释说："英语谓物12枚为打臣，简称曰打。"一打相当于12个，或以12为数的一整个包装。

英国原有许多以12进位的情况，例如：一英尺等于12英寸，一先令等于12便士。

据说，最早的12单位与60单位度量划分，来自于公元前4000年到公元前2000年之间，幼发拉底河和底格里斯河之间的美索不达米亚地区的苏美尔人。他们创造了人类的早期文明，发明了车轮和楔形文字，并把整体划分为12个单位。12进制来源，传说是10个手指头加两只脚。

20世纪40年代后，英国12进位制逐渐被美国的10进位制替代。一打有时也泛指多件装的一包或一盒。但12进位制现在还是存在。譬如一年12个月,钟表转一圈12小时,就连足球比赛罚点球的英制长度也依然是12码。

随着时光流逝,打臣被逐渐遗忘了,而打或一打,却被现代汉语作为量词接受了。

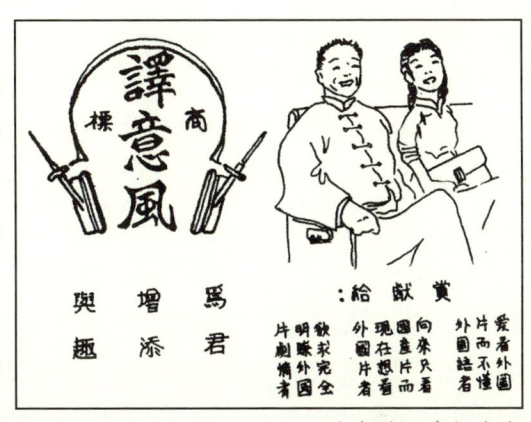

当年的译意风广告

译意风／译意风小姐

译意风又叫做"夷耳风",根据英语earphone(耳机)的读音翻译而来。

20世纪三四十年代,许多上海观众喜欢看外国影片,但有一些观众因为不懂英语,如同观看哑剧,难免引以为憾。倘若在幕外加映中文字幕,看了电影来不及看字幕,看了字幕又漏看了电影,两者难以兼顾。因此美国国际商用机器公司(IBM)发明了一种小型的同声翻译器,就叫"译意风"。它由一个小型的无线电收音机、听筒及一根隐装在带子里的天线所组成,在会场的任意一角,都可以听到不同的语言翻译。

1939年11月,风传一时的译意风在大光明大戏院安装完毕。观众在购票的时候,只要多付一角钱,就可以购买一张译意风租用券。就像一位观众说的那样:"只消租用那具无线电耳机式的译意风,套在两耳上,再将线头插入座位后装置的扑落里,便和影院中一切声息隔绝,听小姐清脆悦耳的国语,翻译着银幕上的对白。"译意风很快风靡起来。到1942年初,上海的所有西片首轮影院都安装了译意风设备。

随着译意风的发明与使用,担任同声翻译的"译意风小姐"这一新兴职业,在上海滩也走红起来。当年,译意风小姐成了沪上许多女孩子向往的职业。不过,像大光明大戏院这样的西片首轮影院,招聘条件要求很高。据译意风小姐玛利回忆说:"第一,要求英文基础良好,对于片中的对白能彻底了解;第二,国语流利,任何人都听得懂我的翻译;第三,有低沉悦耳的声调——清晰、有力,但是无扰于观众的听觉。"因此前来应聘者多数为教会学校或上海名牌大学的女学生。

日军进入租界后译意风便被取消,直到1945年抗战胜利后,好莱坞影片重新席卷上海电影市场,译意风才又开始发挥它的作用。但是好景不长,到20世纪40年代末,由于译意风耳机经常被偷,因此一些电影院便不再使用译意风。译意风小姐这一职业最终在上海的影院中也销声匿迹了。

肮三/肮三货

肮三是其来源最有争议的上海方言词之一。肮三也写作"盎三",它的意思是指人肮脏、下流、促狭,如说:"这个人老肮三"(此人不地道);也可以指东西差劲、劣质、糟糕,如说:"么想到这只物事介肮三"(没料到此物如此糟糕);还可以指事情尴尬、棘手、不顺,如说:"伊插进来事体就肮三了"(他参合进来事情就不好办了)。至于"肮三货"则专门用来骂人的,与上海话"下作坯"的意思差不多。可见这肮三是上海人嘴里的常用语。

2014年10月12日《新民晚报》有篇彭瑞高的短文《肮三》,是这样解释这个词的:"把'肮三'等同于'肮脏''下作',不够准确;说它就是'可耻''羞耻',犹嫌不足。'肮三'就在这类意思中间游荡,很是微妙。"还说:"'肮三'这个词,上海女人说得多,男人说得少。上海女人骂'肮三'时,那口气,那眼神,很可回味。她们吐出这两字时,一般都摇头、喷嘴,连眼神都是不屑的。"

但对于这个词的源出,却众说纷纭。一是说来自英语on sell（甩卖）,由货物积压后、过时、质差、跌价,推断出人的德行;二是说来自英语on set（袭击）,由受人攻击的软弱、退却,而引申至差劲、糟糕;三是说来自英语on sale（俚语中表示否定）;四是说来自英语out side（等外品）。也许还可以找出其他发音近似的英语,但对于肮三是上海话中的外来语这一点,大家都没有异议。

爱司／老开／皮蛋／茄勾

把这四个词读出来,估计每一个上海人就都知道那是什么。简称爱司、老开、皮蛋、茄勾,其实就是扑克牌中的A、K、Q、J,用单音节则念作:"爱、开、蛋、茄"。

其中爱司是英语Ace（幺点）的音译,和外国玩家对扑克牌A的叫法一样,而普通话则把它叫成"尖儿"。

扑克牌中的K英语叫做King（君主、帝王）,上海话老开是在K的英语字母音之前加上了个前缀词"老"。老开有时也被称之为"老板",这就有点意译的味道了。之后,又把老板的儿子称作"小开",说不定其间是有联系的。

扑克牌Q,英语即是Queen（女王、王后）。上海话按照该字母的形状,称之为皮蛋;最为无厘头的称呼,因为完全可以称之为鸡蛋或鸭蛋或鹅蛋。这和普通话称Q为"圈儿"、"疙瘩"的出发点差不多,都是因为那个Q和Queen鲜有读音

爱司、老开、皮蛋、茄勾

相近的汉语词语。

J的英语叫法是Jack（士兵，或杰克）。很显然，上海人叫它茄勾，基本也是用的音译，只是这个"勾"有点介于音和形之间。茄勾的读音，和上海话中的另一个词语相近，即"撬客"。上海人用扑克牌占卜喻事时，也确实有把J解读成撬客、小人的情况。这和英语Jack之间，读音相似应是巧合，但含义解读是另有关系的。在西方人的三张人头牌(court cards)中，除了King和Queen之外，原来占据Jack位置的是Knave。knave在英语里，是无赖、流氓的意思。于是，接替Kave的Jack，也就有了比较负面的含义。

另外，扑克牌四种花色中，黑桃（spade, 铲子）、红桃(heart, 心脏)、方块(diamond, 钻石)的翻译，似乎看不出来自上海，但在"草头"（club)的翻译中却流露出一点与上海有关的痕迹。Club意译即是"三叶草"，正是上海常见蔬菜"草头"。而北方人称之为金花菜，原来并不食用，所以他们翻译成"梅花"，南北折中，就叫"草花"。

爱美剧

泛指业余话剧剧团或演员。来自英语amateur（业余），属于音译加意译的上海方言词。

1843年上海开埠后，旅沪的外侨为丰富业余生活，相继组织业余剧团；其中最有名的为浪子业余剧团（Ranger Amateur Dramatic Club of Shanghai）和好汉业余剧团(Footpad Amateur Dramatic Club of Shanghai)。之后的1866年，两剧团合并，改名为Amateur Dramatic Club of Shanghai（简称ACD），amateur变为名称的首词。上海人便据其读音，译作"上海西人爱美剧社"。同时，由于当时国内没有话剧这种表演艺术形式，于是上海人将amateur用洋泾浜语译成"爱美剧"，也有译成"爱美的"。

上海西人爱美剧社组建后,定期在上海兰心大戏院演出。1935年出版的《上海研究资料》中说:"上海西人爱美剧社是兰心的独家租借人,也是兰心舞台上的主要演出者。"爱美剧一词也随之越传越广。

上海兰心大戏院

回丝

指过去工厂里擦拭机器所用的废旧纱丝,源自英语waste(废物)。

上海以前就有很多工厂里的工人们总是用废弃的棉纱擦拭机器或手上的油污,甚至一些家庭也会用它做清洁工作。回丝多来自纺织生产中不能成为正品的纱线。

20世纪物资匮乏的六七十年代,遍布上海的街道里弄工厂中,一项主打的业务就是"拆纱头"。即:将针织棉布裁剪后的零料,用啤酒瓶盖子做工具,拆散成一团团的回丝。这种回丝吸水吸油,很受工人欢迎。沪语小说《繁花》在描述工厂的情形时这样写:"5室阿姨拿了一团油回丝,保养四部静止的机床。"

进入21世纪后,上海有人试着用彩色回丝制作"回丝画"。在植绒纸或其他装饰纸上设计好彩色稿,将回丝层层铺贴,最后加装镜框,用以表现静物、花鸟、风景、人物等。这种回丝画色层丰富,虚实相映,装饰性强,具有绒绣、油画的艺术效果。已成为上海特产的画类工艺品。

奥司开 / 奥司两开

20世纪50年代到70年代出生的孩子,在上海弄堂游戏里,经常可以在各种游戏过程中听到"奥司开"这个词语。有人要求暂停游戏,都会举起一个手掌或竖起两根手指说"奥司开"或"奥司两开",还有人记忆中将此说成"奥斯两八开"、"凹斯两爸尅"。

要找出这个儿时就约定俗成的口令的源来,倒是颇费周章。这是一个外来词的上海话读音,这一点是毫无疑义的,但究竟对应哪一个词语,意见不一。有说是英语time out,词义准确但读音过于勉强。有说是pause and break,因为用上海话洋泾浜一下,就成了"奥司(pause)两(and)八开(break)"。2007年出版的《上海话大词典》认为词源是英语ask for time out中被简称的ask,读音接近,以"请求"理解为"请求暂停"。还有认为是oust的。相较之下,可能pause(暂停)和pause again(再次暂停)更加接近。不妨见仁见智,继续揣摩。

阴丹士林布

靛蓝发明者弗里德里希·拜尔

指用阴丹士林蓝染的布。所以也被称作"蓝士林布"、"士林蓝布"、"士林布"。阴丹士林是一种还原染料,其化学名称叫做靛蒽醌,或简称靛蓝。源自德文Indanthren,英语叫作Indanthrene。

1905年,德国人弗里德里希·拜耳(Friedeich Bayer)因成功合成靛蓝,而获得诺贝尔化学奖。差不多同时期,靛蓝的染印技术进入上海。当时在颜料行业规模较大的"瑞康颜料行"的经理贝润生，给Indanthren起的中文名称，就叫"阴丹士林"。该名称除了读音与原文相近外，"阴"指深黑色，"丹"指红色，"阴丹"即略含红色的青色，"士林"取"学士之林"，读书人群的意思。可见，"阴丹士林布"是亦音亦意的外来语。

此外，德国人德恩于20世纪20年代在上海创办的德浮洋行，开始生产这种布料。用这种染料染的布，不仅色泽光鲜，而且经久不褪色。成为二三十年代上海滩中式旗袍的主要面料，深受欢迎，甚至被称为那个时代的女性服装的色彩标志或流行代码。

落笔描写民国时代的上海时，作家们都会提起这个标志。余秋雨写道："新娘子还是穿着旗袍，只不过换成阴丹士林的，一色正蓝。"王安忆写道："王琦瑶着阴丹士林蓝的旗袍，身影袅袅。"电影《十字街头》中的杨芝瑛，也是穿着一身阴丹士林布旗袍，步履匆匆地出现在镜头里的。

引擎

引擎即发动机，英语engine的上海话音译，一种将各种形式的能量转化为机械能的装置。习惯上人们将燃料能量转化为机械能量的装置称为发动机（engine），而将电能、流体动能、压缩空气的内能转化为机械能的装置称为马达（motor）或电动机。

引擎的主要部分就是汽缸，汽油机的汽缸包括缸体、进气孔、输油孔、出气孔、活塞和火花塞。汽缸通过进气孔和输油孔注入汽油和空气，在汽缸内充分混合，当火花塞点燃混合物后，混合物猛烈地爆炸燃烧，推动活塞向下运动，并产生动力。

引擎有各种类型：二冲程引擎、四冲程引擎、水冷式引擎、风冷式引擎、压燃式引擎、点燃式引擎等。1920年出版的《上海轶事大观》在列数当年上海求新机器厂引擎部所制造的机器时，一口气列出了卧式水汽引擎、煤气引擎等七八种之多。

易中天在谈到上海话音译的这个引擎时说:"一个词,如果能让人一目了然望文生义,就会比较受欢迎。比如引擎,虽是音译,可又'引'又'擎'的,意思也对。"

安垲弟

安垲第是1893年在上海张园建成的当时上海最高的建筑。

张园是中国清朝末年上海最大的市民公共活动场所,曾被誉为"近代中国第一公共空间"。位于今南京西路以南,石门一路以西的泰兴路南端。1878年由英国商人格龙营造为园。1882年8月16日,中国商人张叔和购得此园,起名为"张氏味莼园",简称张园。

安垲第源自英语Arcadia(阿卡迪亚),意为世外桃源。阿卡迪亚是希腊南部伯罗奔尼撒半岛一个多山地区的名称,经常被欧洲人比喻为诗意般的田园天堂。张叔和将出巨资在园中建造的高楼取名为Arcadia Hall,并将谐音安垲弟作为中文名。

据传,安垲弟仿中国戏楼形式,内设茶点以饷游人,但其外观和设备,则全为洋式。整幢高楼洋派大气,单大厅就可容纳上千人集会宴客,为当时吸人眼球的宏伟建筑。那时,凡到上海者,必来此处登高,鸟瞰上海全城。当时有开篇曰:"安凯第本是西洋号,楼阁参差七宝装。觉得结构稀疏皆别致,层层乔本映千章。平泉绿野堪相比,画本重描仿洛阳。凌高阁,步短

张叔和及安垲弟

廊,破功夫有意觅清凉。"

1919年,随着哈同花园、大世界等游乐场所的建成开放,张园歇业。1932年出版的《上海风土杂记》已经记载说:"张、愚二园,今已湮没不存。" 安垲第这个曾经风行一时的上海话外来语专用名词,现在也只存于书载记忆中。

阿飞

当年,随着工业生产发达,美国费城、芝加哥等城市中形成了一些城市游民。他们以抢劫敲诈为业、调戏侮辱妇女为乐,犹如形影无踪、飞来飞去的苍蝇一样令人厌恶。美国人即称之为fly(苍蝇)。

该词传入上海后,蜕变为洋泾浜语"阿飞",常和"流氓"相提并论,也是指那些在在上海城市里好色轻浮、专事挑逗或侮辱妇女取乐的青年男子。刘世雄先生描写的形象是:"他们喜欢穿小脚裤管花衬衫,理一个大包头,招摇过市,挑战绅士淑女,但往往无钱无名,属于花花公子,上海人对他们是侧目而视的。"薛理勇在《上海闲话碎语》中说:"上海话中将有流氓习气、好打扮而经常沾花惹草的不良青年叫作'阿飞',女性者为'女阿飞'。这一词现在也已成了汉语常见的词汇。"当年还有一部著名滑稽演员龚一飞主演的滑稽戏《阿飞总司令》,曾轰动了整个上海滩,后被指责内容低俗而遭禁演。

也有人认为,阿飞一词来源于英语figure(形象),意为有型、身段好、引人注目。程乃珊曾有《"阿飞"正传》一文,认为上海人所说的阿飞,是指爱着奇装异服、爱交异性朋友、推崇西方生活方式的那拨年轻人,和游民、流氓相距甚远,并无道德劣迹或刑事罪案。只不过没有被当时的社会主流所接纳,因而遭到贬谪,沦为负面形态。按照现时人们对衣着、做派及生活方式选择比较宽松的理解,这样的解释似乎更加贴切。

阿司匹林

阿司匹林是一种历史悠久的解热镇痛药,由德国化学家费利克斯·霍夫曼(Felix Hoffman)发明,于1899年由德国拜耳公司生产并推向市场。用于治疗感冒、发热、头痛、牙痛、关节痛、风湿病,还能用于预防和治疗缺血性心脏病、心绞痛、心肺梗塞、脑血栓形成等。它的中文药物命名是:乙酰水杨酸或邻乙酰水杨酸。"阿司匹林"是英语aspirin的音译,德语也作aspirin。

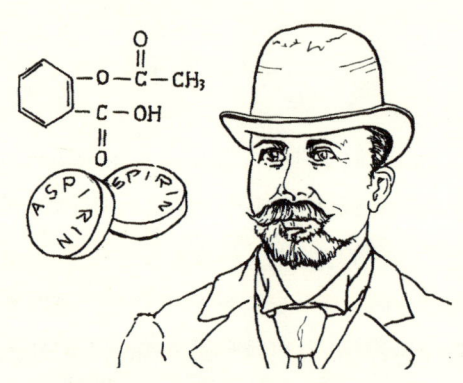

阿司匹林的发明者费利克斯·霍夫曼

1930年,拜耳在上海办厂,生产阿司匹林等西药。1949年后,中国自行生产的阿司匹林,也是由上海药厂开始的。因此,按照钱乃荣在《上海方言中的外来词》一文中的说法,"阿司匹林"是在上海话的词汇中,留下的西洋近代文明用语,并且,通过上海出版的大量报刊,传入到国语中去的。

至今为止,阿司匹林还是大家熟悉和常用的名称。2005年,来自上海的导演执导过的一部电影就叫《阿司匹林》,该片还入围第13届大学生电影最受欢迎导演、影片、男、女主角四项大奖。

阿摩尼亚

这是缘于一个久远的故事,古希腊的亚历山大大帝征服了近东的中东后,在北非沙漠中的一块绿洲上建立了一座名为"宙斯——阿摩"的新庙宇。宙斯是希腊诸神中的主神,阿摩(Ammon)则是古埃及诸神中的佼佼者。当时,沙漠中普遍使用的燃料是骆驼粪,庙宇内也是如此。由于长期烧骆驼粪,使宙斯——阿摩庙宇的墙和天花板蒙上一层烟灰。这种烟灰里包含着一些像盐那样的白色晶体,并不时散发出一阵阵刺鼻的气味。当地人把这种白色晶体称作 salt ammonic(阿摩神之盐)。

英国化学家约瑟夫·普利斯特列

1774年,英国化学家约瑟夫·普利斯特列(Joseph Priestley)单独收集了这种带有刺鼻气味的气体,对它进行研究,他发现这种气体可溶于水,并表现出碱性,因而把它称为"碱气"。可是,这个名词没有为化学界所接受,最后,人们还是从这种气体的来源"阿摩神之盐"中,给它取了个名字"am-monia"(阿摩尼亚)。英语叫ammonia,中文的化学名称叫"氨",氨分子(NH_3)由三个氢原子和一个氮原子组成。上海民间则习惯用它的外语音译:"阿摩尼亚"。

阿摩尼亚对昏厥、醉酒者有刺激兴奋、助其苏醒的作用。穆时英在《墨绿衫的小姐》中写道:"我跳了起来,吃了半打橘子,嗅了一分钟阿摩尼亚。我想,也许我从昨夜起就醉了吧。"

阿木林

阿木林算是上海话中的常用词,意思是指呆头呆脑或土里土气而容易上当受骗的人。

鲁迅在《准风月谈·抄靶子》一文中说:"我不是老上海,不知道上海滩上先前的相骂,彼此是怎样的赐谥的了。但看看记载,还不过是'曲辫子'、'阿木林'。"出版于1958年的《上海的早晨》中也有引用:"柳惠光在台上坦白交代,他心里笑他是个阿木林。"

鲁迅

阿木林典出何处,曾经是有疑惑的。《清稗类钞》说:"阿木林,懵懂呆笨,顽冥不灵之人也,犹绍兴语之呆大也。其实阿木林三字,当为呆木人之转音耳。"姚公鹤在其1917年出版的《上海闲话》中给出了答案:"阿木林、阿土生等称谓,一系外国名词,一系乡孩乳名,不过取辱生客耳。"

阿木林的源出,当是英语moron或a moron的音译。moron的英语原意是指智力障碍病症,用来骂人后,注释为A stupid person(白痴,蠢人),英语辞典里列出的同义词包括:fool(傻瓜)、clod(土块)、airhead(没头脑)、galoot(蠢货)、idiot(白痴)、nerd(书呆子)等。差不多就是上海话"阿木林"的含义。

挖儿丝/摆挖儿丝

老上海人大多知道这个词的意思,但却不在乎它怎么写。有写成"摆歪尔斯"的,有写成"摆坏爱司"的,有写成"摆活儿势"的。原因就在于它的宾语部分"挖儿丝",其实只是英语wile的复数形式wiles的音译。

wiles在英语里的意思是:旨在欺骗或吸引人的诡计或花招,尤指女子说服人所用的花言巧语。《柯林斯英汉词典》解释说:"Wiles are clever tricks that people, especially women, use to persuade other people to do something(wiles是人们,尤其是妇女用来说服其他人做事的聪明办法)"。

挖儿丝或者摆挖儿丝在上海话中也是弄诡计、做噱头、耍花招,欺骗对方的意思。说"侬覅摆我挖儿丝！"意即：你可别唬我！说"摆了只挖儿丝"，就是耍了个花招。

2007年11月的《青年报》上，有人把英语ways（办法）理解为它的来源，说"挖儿丝"这个词是英语ways的引申。这显然不如wiles来得贴切。

大柏树

大柏树是上海市区东北部的一个区域地名。具体指水电路、逸仙路、邯郸路、中山北一路的五岔路口及其附近地区。大柏树原来写作"大八寺"、"大八字"、"大八十"。

1937年"八一三"事件后，日本侵略军占领此地。他们封锁路口，设立检查站。对过往的上海人进行侮辱性的搜查和盘问。检查站岗卡边竖立的日文地名牌上，写的是"大八辻"（ビッグエイト辻）。其中，大八是日本一级战犯、联队长林大八的名字。林大八，1932年在率队攻击十九路军镇守的上海江湾镇韩家塘阵地时，被中国军队击毙。因为他是日军在中国毙命的首个大佐级军官，死后得到日军许多厚遇。"辻"是日文十字路口的意思。因为上海人多数不识这个辻字，便讹读为"十"。大八辻就变成了大八十。之后，又写作大八字或大八寺等。这个日军侵华时留下的地名，一直用到20世纪80年代末。1988年，上海市人民代表大会通过决议，将该地名改为"大柏树"。

其实，上海原来以洋文洋名用作地名的现象很多。新中国成立后，既要消弭殖民侵略的痕迹和印记，又要兼顾市民已有的使用习惯。这是很考验路名更改者的智慧的。其间也确有过不少上乘之作。譬如：现在上海的高安路原来叫高恩路（Andre Cohen）、乌鲁木齐路原来叫麦琪路（Alfred Magy）、巨鹿路原来叫巨籁达路（Louis Ratara）、茂名路原来叫慕尔鸣路（Moulmein）等。大柏树也是这样。这些都反映了更名者的良苦用心。

洋盘

洋盘是上海人讥讽不聆市面行情，因而容易受骗上当者的用词。《清稗类钞》云："洋盘：凡事莫名其妙，受人欺骗而不知者，与瘟孙略同。"《负曝闲谈》第九回："且说京城里有个阔公子，姓孙，排行老六，正是北边人所谓'冤桶'，南边人所谓'洋盘'。"茅盾《第一阶段的故事》："我才不来呕这口闲气，花这路冤钱，让那只寡老背地里笑我是洋盘。"上海滑稽戏《三毛学生意》有句台词："我到隔弄里去拔苗头，假使有洋盘过来，侬就甩个灵子过来。"

洋盘的反义词是"老举"（也作"老鬼"）。俗话说："情愿搭老举拎包，勿肯搭洋盘轧淘。"意思是要和有经验的人打交道，宁可做精明人的跟班，也不能与外行合伙。

该词出典说法不一。一种说法是源自清末上海的戏院，说当时外国人不明就里，入戏院被加倍收费。于是，做了"冲头"还被称作洋盘。也有人说是形容票友客串登台，不免洋里洋腔。《上海轶事大观》解释说："伶界中语，呼客串曰'洋盘'，殆指外行之意。"

另一种说法，是说译自英语Young boor（无知的乡下人）。英美国家常把刚进城里、不懂都市规矩、粗鲁莽撞的农民讥为Young boor。意即one not smart enough（对都市中的某些事物缺乏经验的人）这种贬损人的称呼传到上海，就变成了洋盘。按此解释，洋盘最初应该是来沪洋人嘲讽他们眼中落后无知的华人、上海人的。却不料到头来，反被精明足智的上海人，归入不懂本地习俗、缺少处事经验的洋盘之列。所谓搬起石头砸自己的脚。

外语索引

英语

Ace（爱司，幺点）/ 155
again（厄跟，重来）/ 108
Albert Kissling
　（阿尔伯特·起士林）/ 63
all living creatures（众生）/ 65
amateur（爱美剧，业余）/ 156
Ammon（阿摩）/ 162
ammonia（阿摩尼亚，氨）/ 163
a moron（阿木林，一个白痴）/ 163
Arcadia（阿卡迪亚）/ 160
Arcadia Hall
　（安垲第，世外桃源）/ 160
ask（奥司开，请求）/ 158
aspirin（阿司匹林）/ 162
a stupid person
　（阿木林，一个愚蠢的人）/ 163
Bachrlor（学士）/ 5
ballast（镇流器）/ 80
ball marker（麦格，台盘服务员）/ 94
bar（酒吧）/ 67
Bar miss（吧密斯）/ 67
Basque（古贝斯克球，回力球）/ 37
bass（贝斯，低音）/ 17
bearing（拌铃，轴承）/ 17

beeper（拷机，蜂鸣器）/ 54
beg say（瘪三，乞求）/ 6
beg sir（瘪三，乞讨先生）/ 6
bicarb（小苏打）/ 95
bilge（蹩脚）/ 22
biscuit（别司起）/ 26
Blackjack（黑杰克，21点）/ 73
blues（布鲁斯，慢四步舞）/ 119
boxing（扑克辛，拳击）/ 14
boy（仆欧，男仆）/ 21
Brandy（白兰地）/ 19
Burberry（巴宝莉）/ 65
bush（婆司，轴瓦）/ 16
butter（白脱，黄油）/ 18
Cadillac
　（铅皮拉客，凯迪拉克的）/ 49
call（拷机，呼叫）/ 54
camera
　（开麦拉，摄像机）/ 52, 131
canvas（开发丝，粗帆布）/ 50
cap（无檐帽）/ 47
car（卡车）/ 43
carat（克拉）/ 58, 150
carbonated water（苏打水）/ 96
card（卡片）/ 44

carom（康乐球，撞击）/ 47
Carom billiards（开伦式桌球）/ 53
cartoon（卡通）/ 42
case（事件）/ 110
celluloid
　（赛璐珞，硝化纤维塑料）/ 97
celluloid ceiling
　（赛璐珞天花板）/ 97
cement（水门汀，水泥）/ 93
cents（生司，分币）/ 102
centime（生丁）/ 103
cha-cha-cha（恰恰舞）/ 119
chalk（巧克，白垩粉）/ 94
champagne（香槟酒）/ 107
champion（冠军）/ 107
chance（枪势，机会）/ 71
charter（差头，包租）/ 66
cheese（起司，奶酪）/ 70
cheviot（舍味呢）/ 100
chiffon（雪纺，乔其纱）/ 76
Chocolate（巧克力）/ 72
Chromie
　（克罗米，网络游戏角色）/ 57
chromium（克罗米，镀铬）/ 57
cigar（雪茄烟）/ 111
class（克拉斯，品质）/ 58, 149
classics（经典）/ 150
clerk（银行职员）/ 57
Club（草花，三叶草）/ 156

club（俱乐部）/ 73
coffee bar（咖啡吧）/ 68
color（colour）（克腊，颜色）/ 58, 149
commission（康密兴，佣金）/ 46
comprador（康白度，买办）/ 44
Conklin（康克令，金笔）/ 45
copy（拷贝，副本）/ 53, 131
corner ball（康乐球，角落球）/ 47
court cards（人头牌）/ 156
cricket（克罗克，板球）/ 57
Crookes glass（克罗克）/ 56
crown（康乐球，克朗）/ 47
cuff（克付，袖口）/ 55
cumshaw（克姆赏，赏钱）/ 46
curry（咖喱）/ 38
custard（卡士达酱）/ 1
dear（嗲，亲爱的）/ 24
deuce（求斯，平手）/ 76
diamond（钻石，方块）/ 156
director（导演）/ 132
doctor（博士）/ 5
dollars（大拉斯，美元）/ 33, 103
dormer（屋顶天窗）/ 151
double（道勃儿，加倍）/ 34, 108
Dowling
　（道林纸，胶版印刷纸）/ 35
dozen（一打）/ 152
Dunlop（邓禄普）/ 36
Duroc（杜洛克，短头红毛猪）/ 33

Duroc-Jersey
　　（杜洛克，短头红毛猪）/ 33
earphone（译意风，耳机）/ 153
empty cents（瘪三，一文不名）/ 6
engine（引擎，发动机）/ 159
face（番司，长相）/ 80
Facebook
　　（番司博克，脸谱）/ 81
falling down
　　（麻林堂，倒下来）/ 130
Felix Hoffman
　　（费利克斯·霍夫曼）/ 162
figure（形象）/ 161
fit （飞，齿轮）/ 78
flange（法兰，轮圈）/ 81
France cap（法兰西帽）/ 82
flannel（法兰绒，绒布）/ 83
fly（阿飞，苍蝇）/ 161
flywheel（飞，飞轮）/ 78
foxtrot （狐步舞，中四步舞）/ 119
franc（法郎）/ 103
Friedeich Bayer
　　（弗里德里希·拜耳）/ 158
fro（反弹球）/ 94
full hand（俘房，满堂红）/ 79
full house（俘房，满堂红）/ 79
gabardine（轧别丁）/ 64
gallon（加仑）/ 60, 121
Garrick（茄力克）/ 61

Garrison（加里森，家里蹲）/ 39
gas（嘎斯，气）/ 58
gasket（垫片）/ 118
gasoline（隑斯林，汽油）/ 62
George Parker（乔治·派克）/ 8
georgette（乔其纱）/ 76
German （茄门，德国的）/ 59
Goal keeper（守门员）/ 120
Golf（高尔夫）/ 40
gross sum（搁落三姆，总共）/ 41
guitar（隑他，吉他）/ 61
half（哈夫，一半）/ 113
hard cheese（厄运）/ 76
handsome maid（咸水妹，美女）/ 116
heart（红桃，心脏）/ 156
Hollywood（好莱坞，美国电影制片
　　中心）/ 114, 131
husband（黑漆板凳，丈夫）/ 114
hypo（海波，大苏打）/ 96
hysteria（歇斯底里）/ 107
ice cream（冰淇淋，冰冻奶油）/ 3
inch（吋，英寸）/ 121
Indanthrene（阴丹士林布）/ 158
in side（线内）/ 26
I say（阿三，我说）/ 120
I see（阿三，我知道）/ 120
Jack（茄勾，杰克）/ 155
jacket（茄克衫，短上衣）/ 74
jam（杰母，果酱）/ 70

Jazz(爵士乐)/ 77
Jeep car(吉普车)/ 69
jitterbug(吉特巴,水兵舞)/ 119
jive(牛仔舞)/ 119
John Boyd Dunlop
　　(约翰·博伊德·邓禄普)/ 36
Joseph Priestley
　　(约瑟夫·普利斯特列)/ 162
Kais ling(凯司令)/ 63
Kashmir(开司米,克什米尔)/ 51
keep door(开泼度,看门人)/ 120
King(老开,君主)/ 155
kiss(开司,接吻)/ 51
kiss me(开司米,吻我)/ 52
krone(克朗)/ 103
lace(蕾丝,花边)/ 146
lacquer(腊克,油漆)/ 152
lassie(垃三,少女)/ 144
last car(拉司克,末班车)/ 144
Lee Spring(力司百灵)/ 89
lemon(柠檬)/ 140
lemon time(柠檬辰光)/ 140
let me see
　　(来脱米西西,让我看看)/ 145
lining(来令,刹车片)/ 147
London bridge is falling down
　　(麻林堂游戏,伦敦桥要倒了)/ 130
love me(烂糊面,爱我)/ 149
lysol(来沙尔,甲酚皂溶液)/ 147

Macao(澳门)/ 128
Maltesers(麦提莎)/ 134
mama(姆姆,修女)/ 122
mammon(猛扪)/ 123
margarine(麦淇淋)/ 133
mark(马克,标志)/ 103, 133
master(硕士)/ 5
melton(麦尔登呢)/ 135
Melton Mowbray
　　(麦尔登·莫布雷)/ 135
meter(米达,米)/ 120
Metro-Goldwyn-Mayer Co.Ltd.
　　(米高梅,美国著名的电影
　　制作和发行公司)/ 121, 131
microphone(麦克风,送话器)/ 132
mile(码)/ 121, 122
milk shake(奶昔,牛奶冰淇淋)/ 137
milli(米厘,毫米)/ 120
millimetre(米厘,毫米)/ 120
Miss(密司,小姐)/ 136
mobil lamp(美孚灯)/ 124
modern(摩登,现代)/ 125
moron(阿木林,白痴)/ 164
Morpheus(摩耳甫斯)/ 129
morphine(吗啡)/ 129
mosaic(马赛克)/ 129
motor(马达,摩托,电动机)/ 127, 159
motor car(汽车)/ 127
motorcycle(摩托车)/ 127

moulds（模子）/ 128
Mr.(mister)（密司脱，先生）/ 136
much（多）/ 133
muckamuck（麦克麦克，大亨）/ 133
My likes（麦丽素，我喜欢）/ 134
neon light（霓虹灯）/ 138
New Penny（新便士）/ 103
nickel（镍）/ 57
nougat（牛轧糖）/ 139
number one（拿摩温，第一）/ 137
nylon（尼龙）/ 42
oleo margarine（起酥油）/ 134
only one chance
　　（混枪势，只有一次机会）/ 71
on sale（肮三，俚语中表示否定）/ 155
on sell（肮三，甩卖）/ 155
onset（肮三，袭击）/ 155
out side（肮三，等外品）/ 155
ounce（盎司）/ 60, 121
oust（奥司开）/ 158
pad（拍纸簿，便笺）/ 13
pagers（拷机，寻呼机）/ 54
palace（派力司）/ 10
Paramount（百乐门，派拉蒙）/ 3
Parka（派克大衣）/ 8
Paker（派克笔）/ 8
partisan（瘪三，无赖之徒）/ 6
party（派对，社交舞会）/ 7
pass（派司，证件等）/ 9, 108

paste（配司，酱料）/ 100
pause（奥司开，暂停）/ 158
pause again（奥司开，暂停）/ 108, 158
pause and break（奥司开，暂停）/ 158
Penicillin（盘尼西林，青霉素）/ 12
Penny（先令）/ 103
Pfennig（芬尼）/ 103
piano（披霞那，钢琴）/ 6
pidgin（别琴，混合语）/ 23
pie（攀，馅饼）/ 11
pint（品脱）/ 60, 121
plug（扑落，插头）/ 15
polish（泡立水，抛光漆）/ 13
Pound（镑）/ 103
pudding（布丁）/ 1
pump（泵浦，抽水泵）/ 1
quart（夸脱）/ 60
Queen（皮蛋，王后）/ 155
quick step（快步舞）/ 119
rest（莱斯，架杆）/ 94
romance（浪漫史，恋爱故事）/ 143
romantic（罗曼蒂克，激情的）/ 143
Rome（罗马）/ 142
roof（老虎窗，屋顶）/ 151
rumba（伦巴，拉丁舞）/ 119
Robert Chesebrough
　　（罗伯特·切森堡）/ 85
Russian（罗宋，俄国）/ 141, 142
salad（色拉）/ 104

salad oil（色拉油）/ 105
salmon（三文鱼，太平洋鲑鱼）/ 96
salt ammonic（阿摩神之盐）/ 163
samba（桑巴舞）/ 119
satin（缎子）/ 98
saxophone（萨克斯风，萨克斯）/ 103
sauce（沙司，酱料）/ 100
sentient beings（众生）/ 65
set the ball point
　　　（塞包脱，置球点）/ 94
sharebrokers（掮客，股票经纪）/ 75
shark-skin（鲨鱼皮）/ 98
shilling（便士）/ 103
shoot（捎，投掷）/ 108
Shopping Mall（销品茂，
　　　超大购物中心）/ 109
show hang（沙蟹）/ 101
show your hand（沙蟹）/ 101
shroff（式老夫，钱币兑换商）/ 104
silk（丝绸）/ 98
simmons（席梦思，弹簧床垫）/ 112
Sing-song-girl（新桑歌，唱歌女）/ 110
smart（时髦，司麦脱）/ 105
Snooker（斯诺克，桌球）/ 94
society（十三点，交际花）/ 107
Soda（苏打）/ 95
soda water（苏打水）/ 96
sofa（沙发）/ 99
spade（铲子，黑桃）/ 156

spring（司不灵，弹簧）/ 89
SPTE（马口铁，镀锡钢板）/ 128
starter（斯达特，启动器）/ 90
steam（水汀，暖气）/ 92
steel plate tin electrolytic
　　　（马口铁，镀锡钢板）/ 128
steering wheel（凡尔盘，方向盘）/ 88
stick（司的克，棍棒）/ 91
stocking（奢侈的）/ 98
stop（斯道泊，停止）/ 90
switch（司位子，电路开关）/ 95
tallyman（太利门，理货员）/ 27
tango（探戈）/ 119
taper（坍白，锥度）/ 28
telephone（德律风，电话）/ 25
tendency（吞头势，架势）/ 31
Thank you very much（生发油
　　　买来卖去，非常感谢你）/ 102
Thomas Burberry
　　　（托马斯·博柏利）/ 65
tin（听头，罐）/ 29
tin plate（洋铁）/ 128
tire（车胎）/ 66
title（抬头，标题）/ 34
toast（吐司，烤面包片）/ 25
toffee（太妃，奶油糖）/ 27
toffy（太妃，奶油糖）/ 27
ton（吨）/ 121
to side（拖丝，线上）/ 26

touch（擦边球）/ 18
transformer（方棚，变压器）/ 80
T?shirt（贴血，短袖圆领汗衫）/ 31
turbine（透平，涡轮机）/ 29
twenty-one（圈的文，21）/ 73
valetin（凡立丁）/ 86
valve（凡尔，阀门）/ 87
varnish（凡立水，油漆）/ 87
Vaseline（凡士林，矿脂）/ 85
violin（梵哑铃，小提琴）/ 88
Vitamin（维他命，维生素）/ 84
Wafer（华夫饼干）/ 117
Waffle（华夫饼）/ 117
Waitress（酒吧女招待）/ 67
walf?checks（华夫格）/ 117
waltz（华尔兹舞）/ 118
washer（华司，垫圈）/ 118
waste（回丝，废物）/ 157
water closet（储水箱，厕所）/ 37
ways（挖儿丝，办法）/ 164
WC（达孛留西，厕所）/ 37
wheel plate（凡尔盘，方向盘）/ 88
whipped cream（攒奶油）/ 63
white rock（白洛克鸡）/ 20
William Crookes
　（威廉·克罗克斯）/ 56
yard（码）/ 123
Young boor（洋盘，外行）/ 166

Zalmon Gilbert Simmons
　（扎尔蒙·吉尔伯特·席梦思）/ 112

日语

お巡りさん（警察官）（警察）/ 68
でんわ（電話）（电话）/ 24
ドクター（博士）/ 5
ギター（吉他）/ 62
カラOK（Kara-oke）（卡拉OK）/ 50
クラブ（倶乐部）/ 74
あじのもと（味の素）（味精）/ 84
オランダソーダ（汽水）/ 115
まんが（漫画）/ 124
ビッグエイト辻
　（大八辻）（大八字）/ 165

法语

Bérets（法兰西帽，贝雷帽）/ 82
crème fouettée（攒奶油）/ 63
éclairage au neon（霓虹灯）/ 138
georgette（乔其纱）/ 76
la crêpe georgette（乔其纱）/ 76
mètre（米达，米）/ 120
montage（蒙太奇）/ 131
nougat（牛轧糖，奶油或
　杏仁花生糖）/ 139

德语

aspirin（阿司匹林）/ 162
Indanthren（阴丹士林布）/ 158
käse（凯司令, 奶酪）/ 63
morphium（吗啡）/ 129

俄语

газ（嘎斯）/ 59
Дурак（杜洛克, 傻瓜）/ 33
цемент（士敏土, 水泥）/ 93
капрон（卡普隆, 锦纶）/ 42

其他

梵语bahu-jana（众生）/ 65
荷兰语brandewijn（白兰地）/ 19
泰米尔语kari（咖喱）/ 38
意大利语chitarra（吉他）/ 62
玛雅语sikar（雪茄）/ 112
希腊语μαργαρων
　　（麦淇拉特）/ 134
纳瓦特尔语xocolātl（巧克力）/ 72

笔画索引

一至三画
一打 / 152
十三点 / 106
三飞 / 78
三文鱼 / 96
三纹鱼 / 96
工人帽 / 48
士林布 / 158
士林蓝布 / 158
士敏土 / 93
大苏打 / 95
大柏树 / 165
大拉 / 33
大拉斯 / 33, 103
大辣 / 33
凡士林 / 85
凡尔 / 87
凡尔哈夫 / 87
凡尔盘 / 87
凡立丁 / 86
凡立水 / 87
飞 / 78
小开司 / 110
小苏打 / 95
叉头 / 66
马口铁 / 128
马达 / 127
马克 / 103
马利打 / 130
马铃铛 / 130
马赛克 / 129

四画
开 / 155
开末拉 / 52
开司 / 51
开司米 / 51
开麦拉 / 52
开发丝 / 49
开伦 / 53
开泼度 / 120
开普帽 / 47
厅 / 30
太妃 / 27
太利门 / 27
厄隉 / 109
车胎 / 66
切维厄特羊 / 100
贝司 / 17
贝斯 / 17
贝雷帽 / 82
牛轧糖 / 139
牛仔舞 / 119
仆欧 / 21
反司 / 80
风雪大衣 / 8
风雪帽 / 141
方块 / 156
方棚 / 80
引擎 / 159
孔密兄 / 46
巴宝莉 / 65
邓禄普 / 36
水门汀 / 93
水汀 / 92
水兵舞 / 119

五画
巧克 / 94
巧克力 / 72
世的克 / 91
古贝斯克球 / 37
布丁 / 1
布鲁斯 / 119
打臣 / 152
打开司 / 51
扑克辛 / 14
扑落 / 15

扑碌 / 16
轧别丁 / 64
卡 / 43
卡士达酱 / 1
卡车 / 43
卡拉 / 57
卡拉OK / 50
卡通 / 42
卡通片 / 42
卡普隆 / 42
史带脱 / 90
史到步 / 91
史到婆 / 91
凹斯两爸尅 / 158
生丁 / 103
生司 / 102
生发油买来卖去 / 102
生奶油 / 63
白兰地 / 19
白俄 / 141
白洛克鸡 / 20
白脱 / 18
白脱油 / 18
白塔 / 18
加仑 / 60, 120
加里顿 / 40
鸟结 / 139
司必灵 / 89
司麦脱 / 105

司位子 / 95
司的克 / 91
司到婆 / 91
奶昔 / 137
奶油白脱 / 18
皮钦 / 23
皮蛋 / 155
发泡鲜奶油 / 63

六画
麦尔登 / 135
麦尔登呢 / 135
麦克风 / 132
麦克麦克 / 133
麦丽素 / 134
麦格 / 94
麦淇淋 / 133
麦提莎 / 134
式老夫 / 104
吉他 / 61
吉特巴 / 119
吉普 / 69
吉普卡 / 69
吉普车 / 69
老开 / 155
老头帽 / 141
老克拉 / 149
老克腊 / 57, 149
老冶客 / 150

老虎窗 / 150
老虎天窗 / 150
达孛留西 / 37
百乐门 / 3
夸脱 / 60
夹克 / 74
夷耳风 / 153
求斯 / 76
求斯混 / 76
吐司 / 25
吋 / 121
吗啡 / 129
回力球 / 37
回丝 / 157
回丝画 / 157
刚白度 / 44
刚白图 / 44
先令 / 103
乔其纱 / 75
乔其绉 / 76
伦巴 / 119
华夫饼 / 117
华夫饼干 / 117
华夫格 / 117
华尔兹 / 118
华尔兹舞 / 118
华司 / 118
华达呢 / 64
众生 / 65

众牲 / 65
色拉 / 104
色拉油 / 104
冰淇淋 / 3
米达 / 120
米厘 / 120
米高梅 / 121, 131
安垲弟 / 160
买门 / 123
阴丹士林布 / 158
红头阿三 / 119
红桃 / 156
好莱坞 / 114

七画

坯白 / 28
芬尼 / 103
苏打 / 95
苏打水 / 96
克夫 / 56
克付 / 55
克拉 / 57, 149
克拉斯 / 57, 149
克林顿大学 / 40
克罗米 / 57
克罗克 / 56
克罗克塞片 / 56
克罗克斯片 / 56
克姆赏 / 46

克朗 / 47, 102
克朗棋 / 47
克勒 / 57
克斯片 / 56
克腊 / 57, 149
克赛片 / 56
杜洛克 / 32
来令 / 147
来令片 / 147
来米西一西 / 145
来苏儿 / 147
来沙尔 / 147
来脱米西西 / 145
批 / 12
吴蕴初 / 84
时髦 / 105, 126
吨 / 120
听 / 29
听头 / 30
吧娘 / 67
吧密斯 / 67
别司起 / 26
别琴 / 22
吞头势 / 30
角落球 / 47
怀娥铃 / 88
快步舞 / 119
沙司 / 99
沙发 / 98

沙克司坚 / 98
沙蟹 / 101
译意风 / 153
译意风小姐 / 153
张叔和 / 160
忌司 / 70
阿飞 / 161
阿木林 / 163
阿司匹林 / 162
阿摩尼亚 / 162
纽结 / 139

八画

垃三 / 144
茄 / 155
茄力克 / 61
茄门 / 59
茄勾 / 155
茄克 / 74
茄克衫 / 74
枪势 / 71
杰母 / 70
码 / 122
码子 / 128
轮胎 / 66
拖丝 / 26
拍纸簿 / 13
拉司卡 / 144
拉司克 / 144

拉斯卡 / 144
拉赛 / 144
拌铃 / 17
披耶那 / 6
披耶挪 / 6
披霞那 / 6
抬头 / 34
果子酱 / 70
味之素 / 84
味精 / 84
咖吧 / 67
咖啡吧 / 67
咖喱 / 38
罗宋 / 141
罗宋人 / 141
罗宋大餐 / 141
罗宋西装 / 141
罗宋汤 / 142
罗宋面包 / 141
罗宋帽 / 141
罗宋毯 / 141
罗宋牌 / 141
罗宋瘪三 / 141
罗曼蒂克 / 143
凯司令 / 62
舍味呢 / 100
肮三 / 154
肮三货 / 154
狐步舞 / 119

单飞 / 78
法兰 / 81
法兰西帽 / 82
法兰绒 / 83
法兰盘 / 81
法兰帽 / 82
法 / 103
泡立水 / 13
姆姆 / 122

九画

草头 / 156
草花 / 156
咸水妹 / 116
泵浦 / 1
柠檬 / 140
柠檬辰光 / 140
拷贝 / 53, 131
拷机 / 54
挖儿丝 / 164
品脱 / 60
哈 / 113
哈夫 / 113
贴血 / 31
香槟票 / 107
香槟赛 / 107
俘虏 / 79
便士 / 103
狩猎帽 / 48

差头 / 66
烂糊面 / 148
前进帽 / 48
烧机 / 55
洋泾浜 / 22
洋泾浜英语 / 23
洋泾浜语 / 23
洋盘 / 166
派 / 11
派力司 / 10
派司 / 9, 108
派对 / 7
派克大衣 / 8
派克笔 / 8
派拉蒙 / 3
扁担 / 75

十画

泰博 / 28
起士 / 70
起士林 / 63
起司 / 70
莱斯 / 94
荷兰水 / 115
配司 / 99
捎 / 108
热水汀 / 92
鸭舌帽 / 48
鸭嘴帽 / 48

盎三 / 154
盎司 / 60, 120
铅皮拉客 / 48
特勒流西 / 37
透平 / 29
俱乐部 / 73
倍司 / 17
臬格尔 / 57
爱 / 155
爱司 / 155
爱美剧 / 156
拿摩温 / 137
健姆 / 70
高尔夫 / 40
席梦思 / 112
美孚灯 / 124
酒吧 / 67
酒吧间 / 67
酒排间 / 67
海波 / 96
家里蹲 / 40
家里蹲大学 / 39
陪 / 12
桑巴舞 / 119

十一画

萨门 / 96
萨门鱼 / 96
萨克斯 / 103
萨克斯风 / 103
萨克斯管 / 103
梳打 / 95
梭哈 / 101
梵和琳 / 88
梵哑铃 / 88
雪克斯汀 / 98
雪纺 / 76
雪茄 / 111
排 / 12
探戈 / 119
掮客 / 75
圈的文 / 73
铜生司 / 102
盘尼西林 / 12
脚步钿 / 46
猛扣 / 123
猛门 / 123
猛闷 / 123
麻林堂 / 130
康八度 / 44
康白度 / 44
康乐球 / 47
康克令 / 45
康克令小姐 / 45
康克令香烟 / 46
康密兴 / 46
康密勋 / 46
混克拉水 / 58
混枪势 / 71
浪漫史 / 143
婆司 / 16
密四 / 136
密司 / 136
密司脱 / 136
密丝 / 136
密斯 / 136
密斯脱 / 137
密斯特 / 137
蛋 / 155
维生素 / 84
维他命 / 84
弹子 / 94

十二画

斯配林锁 / 89
斯达勃 / 90
斯达特 / 90
斯诺克 / 93
斯的克 / 91
斯道泊 / 90
蒙太奇 / 131
落袋 / 94
博士 / 5
博克胸 / 65
博柏利 / 65
捶丸 / 41
搓垃三 / 144

搅打稀奶油 / 63
搭线 / 26
搁落三姆 / 41
掼奶油 / 63
黑杰克 / 73
黑桃 / 156
黑漆板凳 / 114
销品茂 / 109
奥司开 / 158
奥司两开 / 158
奥斯两八开 / 158
番司 / 80
番司博克 / 81
腊克 / 152
道令纸 / 35
道林纸 / 35
道拉斯 / 33, 102
道勃儿 / 34, 108
隑他 / 61
隑斯林 / 62

十三画
蓝士林布 / 158
赖三 / 144

摆坏爱司 / 164
摆歪尔斯 / 164
摆挖儿丝 / 164
摆活儿势 / 164
搞尔 / 119
嗲 / 23
新便士 / 103
新桑歌 / 110
塞包脘 / 94
福落 / 94
戤司 / 60

十四画
模子 / 128
裴司 / 17
嘎斯 / 58
嘎斯车 / 59
漫画 / 124
赛璐珞 / 97
赛璐珞天花板 / 97

十五画
樊庆笙 / 12
撒蒙鱼 / 96

撑压棒 / 91
撬客 / 156
镑 / 103
德律风 / 24
摩托 / 127
摩登 / 125
瘪三 / 5
瘪的绅士 / 5

十六画以上
蕾丝 / 146
霓虹灯 / 138
滕头势 / 31
繁华令 / 88
爵士乐 / 77
警察 / 68
攀 / 11
蹩脚 / 22

其他
BP机 / 55
K房 / 50
K姐 / 50
T恤 / 31